कुछ अधूरी बातें मन की...

कुछ अधूरी बातें मन की...

मनीष मूंदड़ा

मंजुल पब्लिशिंग हाउस

मंजुल पब्लिशिंग हाउस

कॉरपोरेट एवं संपादकीय कार्यालय

• द्वितीय तल, उषा प्रीत कॉम्प्लेक्स, 42 मालवीय नगर, भोपाल-462 003

विक्रय एवं विपणन कार्यालय

• सी-16, सेक्टर 3, नोएडा, उत्तर प्रदेश, 201301

वेबसाइट : www.manjulindia.com

वितरण केन्द्र

अहमदाबाद, बेंगलुरू, भोपाल, कोलकाता, चेन्नई,
हैदराबाद, मुम्बई, नई दिल्ली, पुणे

कुछ अधूरी बातें मन की...

यह हिन्दी संस्करण 2019 में पहली बार प्रकाशित

ISBN 978-93-88241-62-5

आवरण कलाकृति : मनीष मूंदड़ा

मुद्रण व जिल्दसाज़ी : रेप्रो इंडिया लिमिटेर्ड

मनीष मूंदड़ा इस पुस्तक
के लेखक होने की नैतिक ज़िम्मेदारी वहन करते हैं

अनुक्रमणिका

कुछ अधूरी बातें मन की

मनीष ने प्रारम्भिक और स्कूली शिक्षा देवघर (झारखंड) से करने के बाद जोधपुर से एमबीए किया व पहली नौकरी के तौर पर बिड़ला ग्रुप के साथ अपनी प्रोफ़ेशनल ज़िंदगी की शुरुआत की। उनकी ज़िन्दगी का शुरुआती दौर बहुत कठिनाईयों भरा रहा लेकिन ज़िन्दगी बहुत कुछ सिखा गयी और आज जिस मनीष को हम देखते हैं, उनकी जो बातें सुनते हैं, उनकी कविताओं और पेंटिंग्स और तसवीरों में जिस अनकही बात को महसूस करते हैं, वो वास्तव में किसी किताब से नहीं बल्कि ज़िन्दगी से सीखा हुआ लगता है। एक लंबा संघर्ष करने के बाद आज मनीष अफ़्रीका में इंडोरामा पेट्रोकेमिकल लिमिटेड कंपनी में सीईओ के पद पर कार्यरत हैं।

एक व्यक्तित्व के तौर पर अगर बात की जाए तो उनकी लेखनी और रंग जीवन की सच्चाई से मिलवाते हैं जिन्हें उन्होंने अपने व्यवहार में, अपनी ज़िन्दगी में उतारा है - सपने देखो और उन्हें पूरा करने की कोशिश में लगे रहो। मनीष फ़िल्में बनाने का सपना देखते थे और इसे भगवान की दी हुई शक्ति मानते हैं कि वो आज इस सपने को पूरा कर पा रहे हैं। उनका फ़िल्मी दुनिया का सफ़र 2015 में *आँखों देखी* से शुरू हुआ और आज एक मुकाम हासिल कर चुका है। उनकी चार फ़िल्में *मसान, धनक, कड़वी हवा* और *न्यूटन* नैशनल अवॉर्ड के लिए चुनी जा चुकी हैं।

मनीष ने बहुत ही कम समय में बतौर फ़िल्म प्रोड्यूसर अपने आपको स्थापित किया है, साथ ही नए लेखकों और निर्देशकों को भी मौक़ा दिया है। फ़िल्मी दुनिया में 'दृश्यम फ़िल्म्स' की स्थापना से युवा वर्ग में एक उत्साह का संचार हुआ है जहाँ नए और संघर्ष कर रहे वर्ग को आशा की किरण नज़र आती है। मनीष का मानना है की लेखन में, यानी किसी भी फ़िल्म के कंटेंट में, दम होना चाहिए - इसीलिए हम उन नयी कहानियों की खोज में हैं जो ज़मीन से जुड़ी हैं लेकिन भाषाओं और परम्पराओं की सीमाओं को पार कर पूरी दुनिया के दिलों पर राज करने का दम रखती हैं।

'दृश्यम फ़िल्म्स' की हर फ़िल्म इंटरनैशनल फ़िल्म फ़ेस्टिवल्स में जाकर दर्शकों का दिल जीत रही है। नैशनल अवॉर्ड मिलने पर मनीष का कहना है कि यह गर्व और ख़ुशी की बात है कि मेरी फ़िल्मों को राष्ट्रीय पुरस्कार मिला है। मनीष के लिए नैशनल अवॉर्ड लेना मंजिल नहीं है, यह महज़ पड़ाव है आगे का रास्ता देखने के लिए।

—प्रकाशक

मौन मुखरित है इस अधूरेपन में

जो व्यक्ति बाहर जितना अधिक ध्वनित होता है, उसके अंदर का मौन उतना ही अधिक मुखर होता है। वह मौन अक्सर उन जगज़ाहिर ध्वनियों में सम्मिलित हो कर बाहर आ नहीं पाता। हमारे दोस्त मनीष के अंदर जो कलाकार है, वह मूलतः एक फोटोग्राफ़र है, और फोटोग्राफ़ी एक ऐसा काम है, जिसमें बहुत लम्बी प्रतीक्षा के बाद सिर्फ़ एक पल ही पकड़ में आता है। ऐसे में उस एक पल में पकड़ा गया वह चित्र इतना सक्षम होना चाहिए कि वह उस पल के पीछे के सम्पूर्ण धैर्य का एहसास करवाए। देखने वाले के लिए वह चित्र सिर्फ़ एक मंज़र से इतर पसमंज़र प्रस्तुत करने वाला होना चाहिए। आप एक तस्वीर देखने वाले को पूरी तरह बता नहीं सकते कि यह चिड़िया ऐसे बैठे थी, फिर ऐसे उड़ने को हुई या ऐसे उड़ी। उड़ान लेने के लिए उत्सुक चिड़िया की पंखों में भरी हवा, खुद के अस्तित्व को सिद्ध करने के लिए उसकी गर्दन के नीचे का फुलाव, मनुहार में फैले हुए उसके पंख - ये सब वो एहसास हैं और इन सब की गमक को एक पल में कैद करना ही होता है। मनीष के अंदर के इस कलाकार ने जंगलों, पहाड़ों और भटकन की तमाम जगहों पर जा कर जो यह हुनर साधा है, संभवतः इसी को उन्होंने अपनी कविताओं में भी ढाला है। उनकी कविताओं को पढ़ें, तो ऐसा महसूस होता है कि वो पल की कविता है, जिसे वो एहसास बना कर प्रस्तुत कर रहे हैं। ऐसे में सबसे बड़ी चुनौती यह होती है कि इस प्रस्तुति में पूरे पसमंज़र की गमक न छूट जाए। लेकिन मनीष एक सिद्ध हस्त फोटोग्राफ़र की तरह ही कविता में भी इसे बखूबी निभा ले जाते हैं।

मेरे लिए हर्ष और थोड़े बहुत आश्चर्य का एक विषय यह है कि एक इतना बड़ा संस्थान चलाने वाले व्यक्ति और मुम्बइया फ़िल्मों के साथ संपर्क में रहने वाले इतने बड़े निर्माता की भाषा इतनी सधी हुई है। जिस समय भाषाई शुद्धता को बचाने में इतनी कठिनाई हो रही हो, ऐसे समय में पूर्णकालिक साहित्यकार न होने के बावजूद भाषा की यह साध दुर्लभ है। मनीष की कविताओं में उनके अंतर्मुखी होने का परिचय बखूबी मिलता है। किताब का नाम भी 'कुछ अधूरी बातें मन की' इसलिए सार्थक है कि कविता जो कुछ भी कह पाई है, उसमें सम्पूर्ण कविता केवल मौन है। इसके इतर जो भी कह दिया गया है, वो अधूरा है। इसलिए कविता अधूरेपन का नाम है। हर कवि का काम अधूरा है। इसलिए उर्दू में कहते हैं कि ग़ज़ल कह रहा हूँ, क्योंकि कविता तो पहले ही लिखी जा चुकी है। लिखने वाला एक ही है, वो विधाता

है, वो प्रकृति है। तो 'कुछ अधूरी बातें मन की' का जो अधूरापन है, वो लेखक के लिए वरदान है, कि वो कभी पूर्ण न हो।

मेरी शुभकामनाएँ कि मनीष के अंदर का जो एकालाप है और संवाद है, वो कभी पूरा न हो और इसी तरह वह एकालाप हम सब पाठकों तक पहुँचता रहे।

—डॉ. कुमार विश्वास

जिस अधूरेपन में पूर्णता है

जब अनुभव बात करता है, जब जिज्ञासा शब्द रूप लेती है, जब दर्द आईना देखता है और जब एक ज़िंदगी मुस्कराकर हर चुनौती को स्वीकार करती है तब सिलसिला शुरू होता है मन की उलझनों का और ये उलझनें जब कविमन की हथेलियों पे रख सहलाई जाती हैं, तब बनती हैं *कुछ अधूरी बातें मन की...*

मन के धनक में कितने रंग होते हैं... स्वयं मनीष की एक कविता है। इस कविता में उन्होंने ख़ुद ही व्याख्या की है मन के हर रंग की, उजला प्रकाश-सा, कभी निराश, कभी टूट कर बिखरता हुआ, कभी प्रेम में डूबता हुआ और कभी स्वयं दीपक बन दूसरों की राह रोशन करता हुआ। मन के कई रूप हैं जो इन एक सौ आठ कविताओं में नज़र आ रहे हैं। मंगल माला मनका एक सौ आठ में पूर्ण कहलाता है लेकिन मन की बातें अधूरी इसलिए हैं क्योंकि बतौर कवि मनीष की यह पहली किताब है और मन की नई बातों को पाठक नई किताब के रूप में फिर पढ़ना चाहेंगे, क्योंकि एक आम आदमी के जीवन से जुड़े ज़िंदगी के संघर्ष की बातें हैं इन कविताओं में।

एक कवि जब स्वयं चित्रकारी भी करता है तो उसकी हर कलाकृति भी बोलती प्रतीत होती है।

किताब के कवर पर नज़र आती कलाकृति के रंग भी मनीष ने बिखेरे हैं जो उनकी कल्पनाशीलता है। पेंटिंग्स बनाना उनकी प्रतिभावान शख़्सियत का हिस्सा है जहाँ उनका जुनून, जोश, दर्द, इंतज़ार, प्रेम आदि रंगों में घुल कर शब्द रूप बनता है। पहले शब्द जन्म लेते हैं या पहले रंग बिखरते हैं कैनवास पर, ये सवाल पढ़ने वालों के मन में ज़रूर आएगा जब वो इन कविताओं से रूबरू होंगे।

ये अधूरी बातें मन की एक अभिव्यक्ति हैं बातों की जो इंसान स्वयं से करता है। हर कविता एक अलग अंदाज़ लिए है, वैसे ही जैसे मन की गति होती है, बिलकुल उस चाँद की तरह जो हर दिन घटता-बढ़ता रहता है। कभी उल्लास कभी उदास, कभी प्रेम में डूबा हुआ तो कभी दर्द में कराहता हुआ, कभी जोश-जुनून से परिपूर्ण और कभी निराशा के बादलों से घिरा। थोड़ा-थोड़ा सब कुछ है मन की अधूरी बातों में, जो पढ़ने वालों के लिए एक सवाल खड़ा कर देंगी और वो खोजने

लगेंगे उस पूर्णता को जो रह गई है इन बातों में, क्योंकि जब एक सफल इंसान असफलता की बात करता है तो उस बात का सकारात्मक प्रभाव पड़ता है। भीगा हुआ इंसान बारिश से नहीं डरता और उसकी निडरता दूसरों की प्रेरणा बन जाती है। ज़िंदगी की राहों पर उलझता हुआ जो इंसान अपना रास्ता ख़ुद बनाता है, हर राह पर चलकर ख़ुद देखता है और फिर उसकी कोशिश रहती है दूसरों को पहले से ही सही राह दिखाने की। इस किताब के माध्यम से हम सभी रूबरू होंगे एक प्रेरक व्यक्तित्व और एक बहुत ही सादगी संपन्न कलाकार से जो शब्दों को रंगों में डुबो कर बातें लिखता चला जाता है। ये बात और है कि वो रंग कभी गहरे स्याह होते हैं और कभी खिलते हुए ख़ुशनुमा। *कुछ अधूरी बातें मन की...* संख्या में पूर्णता लिए है। अनंत शुभकामनाएँ! बातों का ये सिलसिला जारी रहे। ये किताब मनीष की रचनात्मकता की पहल है और अभी बहुत लंबा सफ़र तय करना है मन का।

—अंशु हर्ष

जयपुर

भूमिका

मन हमारा दर्पण होता है, हमारी पहचान, हमारा अपना प्रतिबिम्ब। मन हमें देखता है, समझता है, हमसे बातें करता है। कई बार ऐसा भी होता है कि ज़िंदगी की आपा-धापी और शोर-शराबे के बीच मन की आवाज़ हम तक पहुँच नहीं पाती, दब कर रह जाती है।

मेरा मन मेरा दोस्त है, मेरा सारथी। मैं अमूमन रोज़ मन से बातें करता रहता हूँ। मन की सुनता हूँ और मन भी मेरा बखूबी साथ देता है। आज जब *कुछ अधूरी बातें मन की...* लेकर आपके सामने आया हूँ तो ऐसा लग रहा है मानो मेरा जीवन सार्थक हो गया है, जैसे मेरे अपने मन की अभिलाषा पूरी हो गई। ये कविताएँ, मेरे और मेरे मन के बीच की बातें हैं, जो मेरा मन, मुझसे, मेरी तन्हा रातों में, मेरी थकी हुईं आँखों में झाँकते हुए, मेरे उदास पलों में, तो कभी मेरी ख़ुशियों भरी शामों में मुझसे करता रहा है। कभी उसने कही है कभी उसने सुनी है। ये संकलन मिश्रण है, अधूरा ही सही, पर अनूठी पूर्णता लिए, हमारे साथ की पूर्णता।

मेरा मन कभी अपना प्रेरणा स्रोत ढूँढ़ता है, तो कभी मेरी उदासीनता पर सवाल खड़े करता है, कभी थक कर रुक जाता है, या फिर रो कर आँखें नम कर लेता है। मन ही तो है जो मुझसे तत्परता और निरंतरता की बात करता है। सपने देखते रहने की बात करता, मेरे संघर्ष का आईना लिए, हर वक़्त मेरे सामने खड़ा रहता है मेरी गली, गाँव, कूचे की बरबस याद दिलाता है।

इस छोटे से संग्रह में, मन की उन बातों का भी ज़िक्र है, जब मैं व्यथित था, वियोग का दर्द था तब मन मुझसे उठ चलने को कहता, सँभलने को कहता। मन जानता है मेरे मूलभूत आचरण को, मेरे अंदरूनी व्यक्तित्व को, मेरे अंदर छुपी सच्ची-झूठी बातों को। मेरे अंदर व्याप्त भय, प्रेम, वात्सल्य और प्रगाढ़ता से वो परिचित है, इन सभी बातों का ज़िक्र आपको मिलेगा कविताओं की शक्ल में।

इन कविताओं में मेरी सच्चाई है, मेरी जिज्ञासा है, मेरी लालसा का उल्लेख है। मेरी व्यथा, मेरा इंतज़ार, मेरी बेड़ियाँ, तो कहीं मेरी तड़प की झलक है इन बातों में। मेरी कोशिशें, सफलता की चाह और मेरी अपनी मजबूरियों की तसवीर इनमें इंगित है। चलिए मेरे मन की कुछ बातों से आपको रूबरू करवाता हूँ।

—मनीष

मेरे हृदय सारथी
आपके लिए

प्रेरणा

जीवन के इस प्रवाह में
प्रेरणा का अभाव-सा है
वैसे तो जीने के लिए निरंतर चल रही हैं साँसें
पर मानो इस जीवन में ख़ुशियों का दुष्प्रवाह-सा है
झुलसा हुआ है अब ये मन
धूल-धूसरित हुआ ये तन
किसी अपनत्व को ढूँढ़ता लगातार
अब मानो, जैसे थक से चुके हैं मेरे सारे विचार
कभी विचारों का उद्वेलन था
प्रखरता का मुझमें संवेदन था
सपने थे, अपने थे
कई सारे मेरे अपने भी थे
अब लक्ष्य विहीन मसीहा-सा मैं
भीड़ में समाहित हुआ जा रहा हूँ
व्याकुल मन लिए
पीड़ाओं का दंश लिए
अपने होने का वजूद खोता जा रहा हूँ
इन सबका अंत होगा
एक बार फिर से नया आरम्भ होगा
पर आरम्भ से पहले का अंत मुझे जीना होगा
अपने जीवन प्रवाह में एक और प्रेरणा स्रोत को ढूँढ़ना होगा।

इंतज़ार

साँझ हुई है...
समुद्र का आँगन देखो सुनहरा-सा हो चला है
दूर एक अकेली नाव कौतूहल जगाती
चल रही है धीमी गति से
शायद अपने गंतव्य की ओर जाती
या फिर कहीं खो गई है
सब कुछ शांत-सा है
पखेरू अब घर को चले गए हैं
लहरें भी हल्की-सी आहट से बह रही हैं
जैसे सबको किसी का इंतज़ार है
ठीक वैसे ही जैसे, किनारे पे बैठा मेरा मन
एक अंतहीन इंतज़ार में है...

मनोभाव

काले मेघ भरे हुए नन्ही बूँदों से
मेरे मनोभावों की तरह
उन बूँदों को छोड़ देने का संताप
वैसे ही जैसे कई बार छूट जाती हैं हसरतें
और बह जाते हैं अहसास और जज़्बात के रेले
उस बरसात की तरह
उमड़ती घटाएँ क्यों लगती हैं
मुझे मेरे मन की तरह
विरह की वेदना लिए
जो कभी ख़ामोश
कभी बाहर आने को बेताब
मचलते जज़्बातों को लेकर
जिए जा रहा है...
यह मेरा मन
काले मेघों की तरह...

अधूरा चाँद

मेरे चाँद पर कभी दो पल ठहर के देखो
तुम्हारी ही ओर तकता रहता है
मेरे काँधे पे रुकता चलता
मुझसे तुम्हारी ही बातें करता रहता है
मुझसे तुम्हारे कभी होने
कभी न होने का सबब पूछता है
और मैं कुछ नहीं बोल पाता
सिर्फ़ उसमें तुम्हारी तस्वीर उकेरता रहता हूँ

(कुछ रिश्तों का गवाह सिर्फ़ चाँद ही तो होता है
तभी तो सबको पूरा कर ख़ुद अधूरा रहता है...)

शून्यता

कभी आपके साथ ऐसा हुआ है?
जब आपके अपने शब्द कहीं लुप्त हो जाते हैं
मन, आँखें, लेखनी, सब विचार विहीन हो जाते हैं
आप अकेले, अलग खड़े रह जाते हैं

ऐसी ही शून्यता से मैं घिरा हूँ
शब्दों की ग़ैर मौजूदगी से डरा हूँ
काल पड़ा है मन पे, आँखों में
बाँदी लगती है रूह, मूक-सी
बेबस, विवश महसूस करता हूँ ख़ुद को
दर्द, संताप सब दूर खड़े हैं
शायद वो भी शब्दों से जा जुड़े हैं

फिर से दर्द को मनाना होगा
ख़ुशियों को दरकिनार कर
पास बुला उसे समझाना होगा
तब शायद शब्द भी वापस मन को आएँगे
विचारों का सृजन होगा
डर, दर्द, आँसू, व्यथा, संकोच, अधूरे सपने
ये सब ज़रूरी हैं
जीने के लिए सिर्फ़ ख़ुशियाँ हों तो ज़िंदगी अधूरी है।

रिहाई

ख़्वाब सलाखों में क़ैद है अब
अंधेरा चारों ओर, इस पीड़ का, ना कोई पीर है

विचारों की हदबंदियों में जकड़े इंसान
यहाँ सब के सब बेहद ग़रीब हैं

काल कोठरी में नज़रबंद अब शराफ़त
कौन यहाँ इतना शरीफ़ है

मैं किसे सुनाऊँ मेरे सीने का दर्द
कौन यहाँ मेरे इतना क़रीब है

इन हथेलियों की पकड़ अब बहुत कमज़ोर हो चली
अंधेरों में जलता, बिखरता बेजान-सा बस ये शरीर है

किससे मैं अब अपनी रिहाई की उम्मीद करूँ
यहाँ हर एक शख़्स के सिर पर सलीब है।

सफ़रनामा ज़िंदगी का

ज़िंदगी का सफ़रनामा
तेरा और मेरा
कभी ख़ुशियाँ थोड़ी कम
तो कभी जी भर के गम
सपने छोटे
तो कभी बड़े
टूटते-बिखरते
तो कभी बनते
कभी संघर्ष कँटीला
रास्ता पथरीला
कभी मानो फूलों सी महकती बेला
कभी सबकुछ बिलकुल आसान
तो कभी मनोबल लहूलुहान
कभी एकाकीपन भरी दोपहर
कभी भीड़ भरा प्रहर
कभी दूर-दूर तक काले धुएँ का घेरा
तो कभी चमकती रोशनी भरा सवेरा
कभी अपनों का प्यार बेशुमार
तो कभी पहचानने से इंकार
कभी हताशा के बादल घुमड़ते चारों ओर
तो कभी आशाओं का पुरज़ोर
कभी आँखें गीलीं

दर्द भरे इंतज़ार में
तो कभी अनंत ख़ुशियों की चमक
चेहरे के अभिसार में
ज़िंदगी का सफ़रनामा तेरा और मेरा एक जैसा।

तुम्हारा इंतज़ार

जीवन के उन क्षणों में
उन लम्हों में
जब सब कुछ
एकदम से बिखरता-सा
नज़र आता है
जी-जान से सींचा हुआ पौधा
जब वक़्त की आँधियों के सामने
बेबस-सा नज़र आता है
जब अपने ख़ुद के बुने सपने
उलझनों के जाल महसूस होते हैं
हवा के तेज़ थपेड़ों से
आशियाँ के तिनके एक एक कर
बिखरने लगते हैं
लाचार, सहमी-सी आँखों में जब
अंधेरों के साये घर करने लगते हैं
तब घबराया हुआ यह मन बस
तुम्हारा इंतज़ार करता है
यह जानते हुए भी
तुम्हारा वापस आना अब मुमकिन ही नहीं।

फिर से

साँसों की निरंतर आवाजाही
वहीं विचारों का अथक अंतहीन प्रजनन
एकाकी की शाख पर बैठा मेरा मन
आज फिर सोच रहा था, किस राह मुड़े उस चौराहे से

लंबी थकान से दिशाहीन ये आँखें
नींदों के अभाव में थकीं
अधपले सपनों में दबी ये आँखें
अब शायद फिर से चमक उठेंगी
क्या फिर से अश्रुपूरित होंगी ये आँखें?
फिर से सजेंगे इनमें सपने?

क्या फिर से जीवंत होंगी ये आँखें?
फिर आशाओं का स्वरूप उभरा है
जिन उम्मीदों पर पड़ गई थी, व्यथा की परतें
उन्हीं उम्मीदों का रंग फिर से निखरा है
अब उजाले हमें साफ़ नज़र आएँगे
रोशनी को फिर अपने घर लाएँगे

फिर से एक बार उम्मीदें तत्पर होंगी इनमें
फिर से विजयी होने को लालायित होंगी ये आँखें।

परछाई

एक अरसे बाद
आज अचानक
तुम्हारी परछाई से मैं मिला
वही सहजता
वही सुदृढ़ता
वही सम्पूर्णता
जो तुममें हुआ करती थी
मेरी उम्मीदों का जज़्बा तो देखो
एक उम्र बीत चुकी है तुम्हारे गुज़र जाने को
मुझमें आज भी ज़िंदा है
तुम्हारी परछाई का अहसास
कुछ टूटे से भ्रम
हल्की-सी आस
अभी भी शायद मुझमें बाक़ी है वो प्यास
जो हर अक्स में ढूँढ़ती है तुम्हें
जो हर परछाई में संजोती है तुम्हें।

मेरा हिस्सा

साँझ की नीरवता में
ख़ामोशियों में
सिर्फ़ तुम्हारे साथ होने के अहसास भर से
चहक उठता है ये कौतूहल मन
तुम्हारे विचारों का स्पर्श
तुम्हारे ख़यालों का उत्कर्ष
हसरत भरी नज़रों का आमंत्रण
तुम्हारी प्यार भरी नज़रों का प्रण
सभी कुछ तो सिमटे हुए हैं
वक्त के पन्नों में

ख़ामोशियों से अब हमें कोई शिकायत नहीं
तुम्हारी तसवीर जो हमें साफ़ नज़र आती है
तुम्हारे लिखे इन खतों में

तुमको पढ़ा है मैंने अनगिनत शामों में
तुमको देखा है इन पन्नों में रोज़ दर रोज़
तुम्हारे इशारे
तुम्हारी मुस्कराहटें
तुम्हारी पलकें
वो चमकती हुई आँखें
सभी कुछ तो जिया है
इन पन्नों में हर रोज़
वो सब आज मेरा हिस्सा है।

उड़ान का साथ

मन की उड़ान
ऐसी ही तो है
इन पंछियों-सी
तभी तो
सभी सीमाओं को पार कर
ये मन उड़ा चला जाता है
तुम तक
मेरी सरहदों को पार कर
हर बार
कैसे रोकूँ मन को
जो अनंत आसमान पर
हौसला लिए
उड़ चला है
क्षितिज की ओर
आसमान के नए रंगों की तलाश में
जो पहले कभी देखे नहीं
मन पंछी-सा जो कभी
सीमाओं पर बैठ
आसमाँ को निहारता था
आज भर रहा है
एक नई उड़ान
अनंत संभावनाओं की
एक साथ के अहसास भर से...

सत्य

मैं इस सत्य से परिचित हूँ
मैं एक छोटा कण हूँ
इस दैदीप्यमान सृष्टि में
मैं क्षणभंगुर हूँ
मैं इस सत्य से परिचित हूँ

जीवन होता मृत्यु को अग्रसर
हर पल, हर क्षण
एक बूँद हूँ
इस अलौकिक महासागर में
घुलता, विलीन होता मैं
मैं इस सत्य से परिचित हूँ

पंचतत्व से बना हूँ मैं
पंचतत्व में विलीन हो जाऊँगा मैं
ना रूप रहेगा, ना प्रारूप रहेगा
ना शब्दों का दंश रहेगा
ना व्यथा होगी, ना अहंकार होगा
ना भय होगा, ना तिरस्कार होगा
मैं इस सत्य से परिचित हूँ

सब का विलय होगा
एक सृजनआत्मा में
तुम, मैं, वो
हम सब...
एक ही भस्म
एक ही तत्व
एक ही लय
एक ही गंतव्य
क्या तुम इस सत्य से परिचित हो?

गुमनाम ख़त

अपने किराए के कमरे का समान समेटते हुए
आज शाम
तुम्हारे कुछ पुराने ख़त मिले

वो गुमनाम ख़त
जो तुमने किसी और के लिए लिखे थे
मेरे कमरे में बैठ कर
मेरे सामने
मुझसे बातें करते हुए
मन में फिर से वही सवाल उठ आए

किसके लिए थे ये ख़त?
क्यूँ किसी का नाम ना होता था इन पर?
क्यूँ मेरे पास रख छोड़ जाते थे तुम?
आज भी मेरा मन यह सोच रहा है
कहीं ये मेरे लिए तो नहीं थे?

हम - तुम

हर शख़्स यहाँ गंभीर है
हर शाम यहाँ गमगीन है
हर शाख़ पर उदासीनता का डेरा है
हर घर में आज छाया अंधेरा है

कर सके कुछ ख़ुशनुमा हम-तुम
ला सके जो थोड़ी ख़ुशियाँ गर हम-तुम
गर जला सके उजालों की मशाल हम-तुम
पेश कर सके गर प्यार की मिसाल हम-तुम

तो कहीं कुछ शख़्स शायद बदलेंगे
तो कहीं कुछ शामें भी ख़ुशनुमा होंगी
कुछ शाख़ों पे फिर से चहचहाहट होगी
शायद कुछ घरों में जलेंगी फिर से उजालों की लौ
कुछ तो ठीक होगा कहीं पर।

सहमा मन

शाम से मन सहमा सहमा सा
कमरे की चार-दीवारी में
ना जाने क्यूँ तुम्हारा इंतज़ार करता रहा

कभी मेरी टूटी मेज़ पर सिर टिकाता
तो कभी खिड़की की टूटी सींखचों से
बाहर के रास्ते को तकता
कभी पुरानी बिखरी किताबों के ढेर में
हमारी छुपी कहानियों को टटोलता

मेरा कमरा
जो कभी हमारा घर हुआ करता था
उसकी मटमैली दीवारों पर
टंगी तुम्हारी उस तसवीर को
अपनी नज़र करता
बार-बार
पलंग पर लेटा हुआ मैं
छत पर बंद पड़े पंखे की डैनों पर लगे
मकड़जाल को देखता

बिना कुछ कहे
मेरा मन
बस यूँ ही सहमा सहमा-सा
चुप-चाप मेरे पास बैठा रहा
ना जाने क्यूँ
कल अचानक
पूरी शाम
तुम्हारे घर वापस लौट आने का इंतज़ार करता रहा।

रात भर

रात भर आँखें
तुम्हारे आने की आस को
ज्योत बना
जलती रहीं
अलाव बना
मेरे सपनों की ठिठुरन को तपती रहीं
रात भर आँखें
तुम्हें ढूँढ़ती रहीं
तुम नहीं थे
कहीं भी नहीं
बस डर था
मेरे सपनों के अलावा
जो रात भर
दस्तक देता रहा
मुझे
रात भर
आँखें जलती रहीं
रात भर यूँ ही बस
तुम्हें ढूँढ़ती रहीं...

यादों की दरारें

अब कोई आता नहीं
इन बे-ज़िंदा दरवाज़ों पर
कभी इंतज़ार होता था यहाँ

कई रोज़ हुए
वह भी थक के लौट गया
दरवाज़ों पे बस अब यादों की दरारें हैं
राह तकती आँखों की बुझती परछाइयाँ चस्पाँ हैं
ना जाने कब बोलेंगे ये मूक दरवाज़े
और ना जाने तब, कौन सुनेगा इनको?

मतलब

रोशनी का असल मतलब
अब समझ में आ रहा है
जब, दिन बस अब ढलने को है

सपनों का असल मतलब
अब समझ में आ रहा है
जब, सपने बस अब टूटने को हैं

घर होने का असल मतलब
अब समझ में आ रहा है
जब, अपना यह घर बस टूटने को है

तुम्हारे होने का असल मतलब
अब समझ में आ रहा है
जब, तुम्हारा मन बस अब निकल चलने को है

साथ चलने का असल मतलब
अब समझ में आ रहा है
जब, साथ बस अब छूटने को है

ज़िंदगी का असल मतलब
अब समझ में आ रहा है
जब, ज़िंदगी बस अब ख़त्म होने को है

समझने, समझाने में आख़िर इतनी देर क्यूँ हो जाती है?

तुम

ये सोच कर कि
अब ना देखेंगे तुम्हें
मैंने अपनी आँखें मूँद लीं
पर बंद पलकों की परतों में भी
मुझे तुम नज़र आ ही गए

ये सोच कर कि
अब ना याद करेंगे तुम्हें
मैंने अपनी मंज़िल बदल ली
पर पुरानी यादों की पगडंडियों के रास्ते
फिर से मुझे तुम याद आ ही गए

ये सोच कर कि
अब ना मिला करेंगे तुम्हें
मैंने अपनी पहचान बदल ली
पर दिल में सजी तुम्हारी तसवीरों के ज़रिए
देखो, फिर से तुम मुझे मिल ही गए।

जननी

मैं जन्म देती हूँ
मैं जन्म देती आ रही हूँ
सदैव
ख़ुशनुमा सपनों को
नन्ही किलकारियों को
मैं सृजनता का प्रतीक बनी

मैं मनुष्यता का प्रतीक बनी
कभी माँ बनी
कभी बहन बनी
तो कभी ममत्व की देवी बनी

सभी कुछ तो दिया मैंने
सभी कुछ तो किया मैंने
पर बदले में मुझे क्या मिला
मेरी देह का भक्षण
मेरी आत्मा का क्रंदन
मैं छली गई
मैं जलाई गई
बेबस-सी मैं
बहुत रुलाई गई
लज्जित, भक्षित, बिखरी
अब मेरी काया

बिखरे सपनों को समेटे
पथराई आँखों को मूँदे
बस एक इंतज़ार में हूँ मैं
इंतज़ार भी जाने किसका?
शायद जीने का या फिर
हमेशा-हमेशा के लिए मर जाने का।

ठहराव

मेरे काँधे पे
थका, सहमा-सा चाँद
बादलों का ठहराव मेरी आँखों में
हवाओं का थम जाना
मुझे छू कर
अब इस रात
मानो सभी शामिल हो गए हैं
मेरी इस थमी, सहमी, ठहरी हुई ज़िंदगी में
मेरा साथ देने के लिए
मन मुझे पूछता है
ये चाँद, बादल और हवाएँ
क्या फिर से मेरे साथ चलने के लिए रुके हैं?
या हमेशा के लिए अलविदा कहने का इनका यह तरीक़ा है?

मैं और तुम

देखो आज फिर ये शाम ढल रही है
इन बादलों में छुपता छुपाता सूरज भी अब इस रात के लिए
अलविदा कहने को है
काश! तुम और मैं इस मंजर को देख पाते

थोड़ी देर में ये पंछी भी गुम हो जाएँगे
सो जाएँगे अपने अपने आशियाने में
थम जाएगा इनका कलरव आज के लिए
काश! तुम और मैं इस ख़ामोशी को सुन पाते

अब कुछ ही देर में बादलों से चाँद अठखेलियाँ करेगा
अपनी चाँदनी बिखेरेगा
हमारी खिड़कियों के रास्ते घर तक
काश! तुम और मैं इस चाँदनी रात में फिर से एक हो पाते...

बीते लम्हे

वो आकर लगते हैं सीने से
बीते लम्हे
जाएँ तो जाएँ कहाँ
वो आकर रुकते हैं
आँखों के दामन में
बीते लम्हे
अब जाएँ तो जाएँ कहाँ
सिसकियाँ भरते हैं
मेरे आगोश में
वो बीते लम्हे
अनसुलझे से ख़्वाबों में लिपट कर
कुछ इंतज़ार में हैं अभी भी
कि शायद उन्हें कोई आयाम मिले
उन्हें कहाँ मालूम
बीत चुका है उनका वक़्त
बस अब बंदी बने से फिरते हैं
अपनी ख़ुद की दहलीज़ तक।

सवाल - जवाब

कल रात
ख़्वाबों के गलियारे में
हम तुम फिर मिले

कई सवाल उठे
कुछ पुराने
कुछ नए
जवाबों के सिलसिलों के बीच
तुमने मुझसे कहा, अब शायद
तुम्हारा यूँ मेरे ख़्वाबों में आ पाना मुश्किल होगा
अब मुश्किल होगा तुम्हारा
मेरे उन सवालों का जवाब दे पाना
मेरे सारे सवालों का जवाब
अब मुझे ख़ुद ढूँढ़ना होगा
ख़्वाबों को छोड़
मुझे हक़ीक़त से सहमत होना होगा

सुबह से मन मायूस है, अपनी इस मुलाक़ात से
तुम्हारा यूँ अचानक, मेरी ख़्वाबों की दुनिया भी छोड़ जाने से

मैं सोचता था
तुम्हारी सारी मुश्किलें

एक एक दलीलें, तुम्हारी अनकही मजबूरियाँ
वक्त के साथ, सब, धूमिल हो जाएँगी
या फिर
हक़ीक़त की परतें
मेरे सहमे मन को सहारा दे देंगी
जवाबों की इच्छाएँ
कल्पनाओं के जंगल में
वक्त के बहाव में
कहीं मुझसे बिछड़ जाएँगी

इतना क्यूँ मुश्किल है यह सब
क्यूँ आज भी मैं ख़ुद को वहीं खड़ा पाता हूँ, उन्ही रास्तों पर?
क्यूँ बहता चला गया ये वक्त बिना असर ?
किससे पूछूँ अब मैं, मेरे ये नए सवाल ?

मुक्त बंधन

मन की रिक्तता को, न जाने क्यूँ
एक अजीब से ख़ालीपन से
भरने की कोशिश करता रहता हूँ

अपने दिल के कैनवास पे
न जाने क्यूँ
बिना रंगों के
कुछ ना कुछ उकेरता रहता हूँ

पुकारता रहता हूँ
न जाने क्यूँ
बेज़बान-सा
किसी को बुलाने की कोशिश में

देखता रहता हूँ, न जाने क्यूँ
शून्य में
अपनी आँखों को बंद किए

कोई आहट-सी होती है
इन शोर-शराबों के जंगल में
न जाने किसे महसूस करता रहता हूँ

कोई तो है
जो मुझमें जागता रहता है
जो बाँधे हुए है मुझे, मुक्त करके।

पंचतत्व

मैं धरा से हूँ
इस धरती का अंश
प्रतिनिधित्व करता अपनी माटी का
मैं, तुम... हम सब
अपने संस्कारों की जड़ों की अटलता लिए

मेरे अंदर एक आकाश बसता है
ठीक वैसा ही, जैसा तुम्हारे अंदर
अनन्त विस्तार लिए
विस्तृत और आलौकिक स्वतंत्रता लिए
शून्यता और सूक्ष्मता की अभिन्नता लिए

वायु-सी जीवंतता
और स्वच्छंदता लिए
मैं अपने सपनों की उड़ान भरता
ठीक तुम्हारी तरह
उन्मुक्त विचारों का सृजनहार हमारा यह मन
विजय-पताका लहराता

मैं अग्नि हूँ
आग की तपिश मेरे, तुम्हारे दिल में बसती है
मैं तप हूँ, मैं तप से हूँ

तुम भी वही हो
तुम और मैं प्रज्ज्वलित हैं, अग्नि से
दुर्लभ ज्योति से
अपनी सतरंगी आभा बिखेरते

जल-सा ठहराव है मुझमें और तुममें
एक अगाध, अदृश्य शक्ति लिए
हमारे विचारों को उद्वेलित करता
समुद्र-सी गहराइयाँ समेटे
हमारी, तुम्हारी ये आत्मा अक्षय है, असीम है

मैं और तुम
इन तत्वों से बने
अनन्त शक्तियों के स्रोत हम
फिर क्यूँ हीन हों, क्षीण हों हम
हम में है ब्रह्माण्ड
विस्तृत, विराट
आओ प्रबल बनें, आओ हम सबल बनें।

वृक्ष

अकेला ही खड़ा था मैं
एक हौसला लिए
मजबूती से अपनी जड़ से जुड़ा
हवाओं का सामना करता
झुकता सहमता
मगर रहा अटल
अब विशाल वृक्ष हूँ
जो कभी पौधा कहलाता था।

मेरी माँ

ममत्व की मूरत
शक्ति की पूरक
हृदय में प्यार अपार
शांत शीतल मन
हमेशा तत्पर रहने का प्रण
श्रद्धेय, स्नेही, निश्चल, निर्मल
यद्यपि अति साधारण
मेरी माँ

जन्म दिया
अँगुली पकड़ के चलना सिखाया
सीखा तुमसे देखना, समझना, परखना
इस दुनिया को
जीवन की नैया को, सँभालना
दुःख के भवसागर पार करना
सुख के अवसर मिल बाँट करना
ये सब भी तो तुमने ही बताया
मेरी माँ

कहाँ तय कर पाता
जीवन का यह लम्बा सफ़र
रातों को जागना
संयम रखना
हर मुश्किल में अपनों को सँभालना
सभी कुछ तो तुम्हीं से समझा, सीखा, परखा
मेरा अस्तित्व तुझसे अर्जित
यह जीवन तुझको समर्पित
मेरी माँ।

निरंतरता

जीवन और मृत्यु की धाराएँ
समय का निरंतर बहाव
सपनों से भरे बहते ये बादल
सभी कुछ तो बह रहे हैं
समानांतर
निरंतर
रुकना मानो प्रकृति के व्यवहार में नहीं
फिर भला हम क्यों रुकें?
फिर भला हम क्यों थमें?
चलना ही होगा हमें
हर समय
हर पल
अग्रसर, तत्पर, निरंतर...

तुम्हारा अहसास

तुम्हारे पास होने के अहसास भर से
ज़िंदगी की तमाम मुश्किलें, जैसे मुझसे दूर हो जाती हैं
सोचो गर तुम वाक़ई में मेरे साथ होते
तो मुश्किलों का क्या हश्र होता?

तुम्हारी यादों के सहारे होने के अहसास भर से
ज़िंदगी की सारी गिरहें, जैसे गुम-सी हो जाती हैं
सोचो गर तुम वाक़ई में मेरे साथ होते
तो ज़िंदगी का ताना-बाना कितना ख़ूबसूरत होता

तुम्हारे साथ बिताए वो एक एक पल के असर भर से
मेरे आज भी कितने सुलझे-सुलझे से लगते हैं अब
सोचो गर तुम मुझसे फिर आ मिल जाओ
तो मेरे आने वाले कल के रास्ते कितने सुहाने हो जाएँगे ?

जवाब

मुझे आज अगर कोई पूछे
मेरे होने की वजह
मेरे होने का वजूद
आँखें बंद कर मैं ऊपर की ओर इशारा कर दूँ
तुम्हारा प्यार, तुम्हारा ख़याल
और बस तुम्हारा मेरे क़रीब होना
यही मेरे होने की वजह है
और
इन्हीं में मेरा वजूद
ख़ुद को ढूँढ़ा है मैंने, तुममें विलीन हो कर
ख़ुद तक पहुँचा हूँ गर मैं, तो
तुम्हारी आँखों के रास्तों से हो कर
तुम्हारी आहटें
तुम्हारे इशारों के साये
वो नर्म नज़रों का स्पर्श
हर पल मुझको मुझसे रूबरू करवाते हैं
मेरी रातों को मेरे और क़रीब लाते हैं
मेरे सपनों के ताने-बाने में तुम हो
मेरी शामों में मेरी सुबहों मेरे अरमानों में तुम हो
या यूँ कहूँ के तुमसे मैं हूँ
पर क्या मुझसे तुम हो ?
जवाब दो ?

दूरियाँ

आज मैं दूर हूँ तुमसे
मीलों दूर
पर दिल को इस फ़ासले का अहसास नहीं
मीलों लम्बी दूरी का फ़र्क़ दिल कहाँ महसूस कर पाता है
उसे हर आहट में तुम्हारी परछाई की आस है
हवा के हर झोंके में तुम्हारी ख़ुशबू की तलाश है
दिल को यक़ीन है तुम्हारे आने का
एक विश्वास है
दिल के बहाने मैं भी तुम्हारी खोज में हूँ
मैं जानता हूँ
मीलों दूर, इस वक़्त तुम गहरी नींद में हो
पर फिर भी
दिल की इस नादानी में शामिल हो
मुझे भी अब तुम्हारी तलाश है।

मेरी चाहत

तुम्हारी हथेलियों पे उम्मीद रखना चाहता हूँ
बहती हवाओं का रुख़ मोड़ देना चाहता हूँ
थके हुए मन को नए सपने दिखाना चाहता हूँ
नई राहों पर, नई दिशाओं में चलना चाहता हूँ
होंठों पर एक मुस्कान रखना चाहता हूँ
रिश्तों की उमंग, सिराहने रख
नए सिरे से ज़िंदगी बुनना चाहता हूँ
उम्मीदों के नए पुल आस्था के साथ
तुम्हारे साथ बाँधना चाहता हूँ
चाहतों के नए रंग
आँखों में भरना चाहता हूँ
तुम आ जाओ एक बार
नई बातें नए इरादे नए हौसले साथ ले
ज़िंदगी एक नए नज़रिए से जीना चाहता हूँ।

जो बाक़ी है

कुछ काम हैं
जो अधूरे हैं
उन्हें पूरा करना अभी बाक़ी है
जो रूठे हैं, अभी उनको मनाना बाक़ी है
मेरी अपनी कुछ मजबूरियाँ थी
अपनों को अभी समझाना बाक़ी है
अधूरे हैं, कुछ सपने अभी भी
उन्हें अंजाम तक पहुँचाना बाक़ी है
कुछ बुनना बाक़ी है
तुम्हारा मेरा आशियाँ जोड़ना अभी बाक़ी है
बोए थे चमन में कुछ बीज
उन फूलों को खिलना अभी बाक़ी है
तुमसे पूरी तरह कहाँ मिल पाया
तुम्हें उड़ते देखना अभी बाक़ी है
बाक़ी है अभी काफ़ी कुछ लिखना
जो मैंने जिया और देखा
थमूँगा नहीं मैं
देखो, मुझमें अभी थोड़ी साँस बाक़ी है।

समय चक्र

फिर नया आह्वान हुआ
जीवन का देखो संचार हुआ
वृक्ष पर नैसर्गिक निर्बाध श्रृंगार हुआ
ठीक वैसे ही जैसे
हमारा जीवन
हमारे सपनों को बनाता
लक्ष्यों को सहेजता
सँभालता चला जाता है
टूटते, बनते, बिखरते, सिमटते
और फिर से बनते
रिश्तों का चक्र चलता रहता है
नैसर्गिक, अनवरत, अविरल, अविराम।

उदास ख़ुशियाँ

आज दिल फिर उदास है
अकसर मेरे हाथ यही लगता है
ख़ुशियों का मुझसे कोई ज़्यादा सरोकार नहीं
वो आती है, कमबख़्त जाने के लिए
हर बार मेरे ख़्वाब-ए-नक़्श बदलने के लिए

अब दिल को राहत-ए-दीदार का इंतज़ार फिर से रहेगा
सहमे से ख़्वाब फिर से देखे जाएँगे
मुस्कानों की नूर-ए-लहर का फिर होगा इंतज़ार
दहकते दिल को फिर होगा जोश-ओ-अंगार

पर आख़िर कब तक चलेगा यह सिलसिला
शायद जब तक ये साँसें चलें?
जब तक इस ज़िंदगी की लौ जले
एक उम्र गुज़र चुकी है इन गमों के साये में
बाक़ी भी कट जाएगी ख़ुशियों के इंतज़ार में...

कौन हूँ मैं

तुम पूछते हो ना मैं कौन हूँ?
मैं तुम्हारा अक्स
तुम्हारा अपना विचार
तुम्हारी आँखें
तुम्हारा मन
तुम्हारी हँसी
तो कभी तुम्हारे आँसू बन आँखों से ठहरता ख़्वाब
तुम्हारा अपना
जो तुममें ही कहीं रहता है
निर्बाध
निर्विरोध
तुम्हारे अंदर ही पलता है।

यादों की बात

मन शाम से कुछ बैचेन-सा
सहमा हुआ
मेरी आँखों की खिड़कियों से बाहर की ओर झाँकता
एक तसल्ली की तलाश में
शायद तुम्हारे साथ होने की तसल्ली
अक्सर वो मुझसे बात करता है
लेकिन आज वो चुप है
गुम है अपने आप में
पलकों के किनारे ठहरा हुआ आँसू
इंतज़ार में है उस बात के
जो तुम्हारी यादों की बात है
कहने को मन मेरा है
पर बात तो तुम्हारी है।

डर

वो रातों को डर कर उठना
घबराना
और फिर टूटे सपनों की बागडोर थामे
फिर से सोने की कोशिश करना
आँखें मूँदे जबरन
फिर करवट बदलना
इस आस में कि नींद मिलेगी दूसरे छोर
कुछ सुकून मिलेगा दिल को उस ओर
पर वक़्त के मारों को
ख़्वाब भी कहाँ पूरे मिलते हैं?
रात तो क्या
हम दिन भी डर के साये में गुज़ारते हैं।

ज़िंदगी की तलाश

मुझे ढूँढ़ती तलाशती
ज़िंदगी काफ़ी बूढ़ी हो चली
बचपन कब गुज़रा
जवानी कब ढली
नहीं कोई ख़बर
सपनों से पता पूछा होगा शायद ज़िंदगी ने
उन्हें क्या पता कहाँ रहता हूँ मैं
असलियत से पूछ लिया होता
तो मिल जाती ज़िंदगी मुझे
सुना है तलाश अब भी जारी है
देखें कब मिलती है ज़िंदगी हमें
वरना मौत से भी हमें कहाँ दुश्वारी है।

जो होना था वो हुआ ही नहीं

त्रस्त हैं अब ऋतुएँ भी
सूरज भी चाँद भी
झुलस गई अब ये धरा भी
आसमान घट विहीन
उजाड़ हुआ बियाबान जंगल भी
सागर लेते जलसमाधि
पशु-पक्षी होते विलुप्त
भाषा हो चली क्षीण
संस्कृति होती विलीन
आदर घटा
सम्मान हटा
दुःखों का सागर हुआ अंतहीन
दिलों से प्यार
आँखों से शर्म
ज़बान से ज़ायका
मानव से मानवता
सभी कुछ तो मानो बस रिसते से जा रहे हैं
हाँ मगर
आबादी बढ़ी
आकार बढ़ा
लालच बढ़ा
लालसा बढ़ी

बढ़ी लोगों में पीर
वैमनस्य बढ़ा
हिंसा बढ़ी
बढ़ गई दो दिलों में दूरी
वो सबकुछ हुआ जो ना होना था
और जो होना था
वो हुआ ही नहीं...

दो अजनबी

दो अनजाने दो अजनबी
जब ज़िंदगी की राहों पर मिले
दोनों ने एक साथ बादलों को देखा
हवा के बहाव को महसूस किया
ठिठुरन भी थी दोनों के दिलों में एक-सी
उनकी आँखों ने भी एक-सा सपना बुना
ख़ामोशी की चादर ओढ़े रातों में
एक सी ख़्वाहिश थी दोनों के मन में
साथ ज़िंदगी गुज़ारने की
एक दूसरे के पूरक बन
कुछ अलग-सा करने की
जो कभी किसी ने सोचा नहीं
जो कभी किसी ने किया नहीं
वो दोनों बिलकुल एक से थे।

पड़ाव

ज़िंदगी के कुछ पल
संकुचित से
सिहरे हुए
अभी भी मेरी मुट्ठी में क़ैद हैं
वो पल जिन्हें
लम्हों में तब्दील होना मंजूर न था
वो पल, जिन्हें मुझसे दूर जाना मंजूर न था
मेरी गीली मुट्ठी में पसीजते हुए पलना चाहते हैं
वो मेरे अपने अंतर्द्वंद्व का हिस्सा बन
मुझमें ही पिघलना चाहते हैं
शायद वक़्त से ज़्यादा मुझमें भरोसा है इन्हें

या फिर
मेरे अपने संकुचन, मेरी अपनी सिहरन
मेरे अपने अतिरेक होने के डर में
कहीं उन्हें अपना पड़ाव दिखता है।

दीपशिखा

लौ
जली है बरसों बरस
श्रंखलाबद्ध
करती मानवता को प्रज्ज्वलित
अकेली
तो कभी कोई साथ मिल जाता
हम इंसानों के
उत्थान-पतन के चक्र का दायित्व लिए
लौ
जली है बरसों बरस
श्रंखलाबद्ध
कुछ दीपशिखा अब भी बाक़ी है
उन रोशनियों को अब जीवंत होना होगा
जलना होगा
मार्गदर्शन करना होगा
हमारे आज का
और आने वाले कल का।

क्यूँ डरते हो तुम?

क्यूँ डरते हो तुम?
किस बात से डरते हो तुम?
क्या है तुममें
क्या लाए हो... जो हो जाएगा गुम?

एक जिस्म
एक रूह
एक दिल
चंद साँसें
सपने, कुछ पराए, कुछ अपने

बस इतना ही तो है?
बताओ
इसमें डर की कहाँ जगह है?

सपना

मैंने एक सपना छोड़ा है
बिलकुल निरीह अकेला
तुम्हारी राह में
तुम्हारे घर के आस-पास
हो सके तो उसे अपना लेना
अपनी नज़रों में कहीं पनाह देना
मेरा सपना था वो
अब तुम्हारा होते देखना चाहता हूँ
मैं दूर ही सही
सपनों को तुम्हारे नज़दीक रख देखना चाहता हूँ।

दो राहें

ज़िंदगी के रास्ते में दो राहें मिलेंगी
एक राह
जहाँ मिलेगी भीड़ बेहिसाब
पर मिलेगा ना कोई सवाल, ना देने वाला कोई जवाब
हवा के रुख़ से तय होंगे फ़ासले और फ़ैसले वहाँ
सपनों का ना कोई मोल होगा, आँसुओं का ना कोई तोल होगा
ख़ुशियाँ खोखली
झूठी हमदर्दी
झूठे रिश्तों की होगी लम्बी टोली
टूटते चले जाओगे, जुड़ने की कोशिश में
उसूल बिकेंगे, ख़ुद बिकोगे
मोह, माया और समझौतों की साज़िश में
हो सकता है कुछ साथ मिले
कभी कभार एक आध सुहानी रात मिले
पर उजालों की चकाचौंध में
अकसर ख़ुश दिखने की चाहत में
मन में अंधेरों का घेरा होगा
इन सबके बीच, फिर एक दिन तुम मर जाओगे
इसी भीड़ में कहीं, हमेशा के लिए दफ़ना दिए जाओगे
दूसरी राह,
काफ़ी लम्बी होगी, कँटीली होगी
अकेले होगे तुम

या फिर शायद इक्का-दुक्का लोग मिल जाएँ
यहाँ ख़ुद से लड़ना होगा, अपने विचारों को ख़ुद चुनना होगा
पर सपनों का साथ होगा
हाँ, तुम्हारा अपना जोश तुम्हारे पास होगा
कई सवाल उठेंगे, कई जवाब भी मिलेंगे
पहली राह की भीड़ से
मगर फ़ैसले तुम ख़ुद करोगे
अपने आँसू तुम ख़ुद पोंछोगे
कभी मन भयभीत होगा
लेकिन यह जीवन एक जीत-सा होगा
साँसें इस राह पर भी थमेंगी
मृत्यु इस राह पर भी होगी
पर तुम्हारे उसूल तुम्हारे बाद भी ज़िंदा रहेंगे
तुम ख़ुद को पाओगे
अपने होने की सही वजह समझ पाओगे
अब तुम ख़ुद तय करो
किस राह तुम जाओगे।

उलझनें

उलझनें इतनी कि सुलझते सुलझाते हाथ छूट जाएँगे
ना राहें रहेंगी
ना रहेंगे रहगुज़र
दिल का आशियाँ ख़ाक हो जाएगा
क़दम थक जाएँगे
दिल के जोश की चिंगरियाँ ठंडी पड़ जाएँगी
थकी आँखें फिर ना ख़ुलेंगी कभी
सूख जाएँगे अश्क़, धुल जाएँगे सारे संजोए सपने
मिट जाएगी ये हस्ती
रह जाएगा एक बुत बन कर यह जिस्म
सिर्फ़ ताबूत होगा उठाने को
ना कोई गम, ना मरहम
साँसें बंद, आँखें बंद
ज़िंदगी की वो सारी ज़द्दोज़हद बंद
शायद तब भी रहेंगी अजर
उनसुलझी वो सारी उलझनें
मेरी क़ब्र पर साफ़ नज़र आएँगी
बनकर वो दरारें
सूखे बिखरे पत्तों के बीच...

सपनों का बाज़ार

ज़िंदगी एक बाज़ार है... सपनों का
और सारे ज़िंदा लोग, सौदागर, सपनों के
सपने देखना, दिखाना, सपने बेचना, बिकवाना
सपनों को तोड़ना, जोड़ना, और फिर से सपने संजोना
इन्हीं सिलसिलों के बीच, ज़िंदगी का बाज़ार चलता रहता है
अनवरत
ज़रूरतों और समय के अनुसार
बदलता रहता है ज़िंदा लोगों का किरदार
कभी सपनों के ख़रीदार, तो कभी सिपहसालार
कभी ख़ुद्दार, तो कभी मक्कार
पर होता हमेशा है सपनों का साथ
सपने,
चाहे जीने के हों या फिर मौत के
ख़ुशियों के या फिर आँसुओं के
होता है सौदा ज़िंदगी के बाज़ार में
अनवरत, निरंतर
सपनों में सच का साथ तब तक
जब तक हो सब अपने अनुसार
वरना झूठ से कोई दुश्मनी भी तो नहीं
सपने हर क़ीमत पर, सौदा हर सीरत पर
रंग-बिरंगे, नन्हे से
कौतूहल से सपनों की कमी दिखती है बाज़ार में

पर फ़र्क़ किसको पड़ता है, सौदा ही तो है
बिकता वो ही सपना है जिसके ख़रीदार होते हैं
पलते वे ही सपने हैं, जिनकी माँग होती है बाज़ार में
वरना कई सपने, सहमे से, सकुचाए से रौंदे पड़े हैं
हज़ारों हज़ार, ज़िंदगी के बाज़ार में।

उम्र की रोशनी

देखो उम्र किस क़दर तुम पे फबती है
वो सारी शिकायतें अब बेमानी लगती हैं
शक्ल पर तुम्हारे
तुम्हारे तजुरबे चस्पाँ हैं जैसे

जैसे मानो एक एक लकीर
मेरी बनाई पेंटिंग से निकल
तुम्हारे रुख़सार का साज बनती जा रही हो

तुम्हारे इंतज़ार के दिनों की ख़ामोश मायूसी
जैसे तुम्हारे चेहरे पर उतर अपनी रोशनी बिखेर रही है
चुपचाप
बिना शोरगुल किए

तुम्हारी आँखों की चमक अभी भी कुछ कम तो नहीं
मगर देखो
तुम्हारे बहते आँसुओं ने भी अब अपना रास्ता बना लिया है
तुम्हारे चेहरे पर

इन सबसे बेख़बर
तुम्हारी आवाज़ और भी कितनी मीठी हो चली है
आज भी तुम्हारी ज़बान पर मेरा नाम
मेरे सीने में कितनी मिठास घोल देता है

मैं ना सही, मगर
वक़्त ने तुम्हारा बख़ूबी साथ दिया है
अपने साये में रख, तुम्हें किस क़दर आबाद किया है।

जीवन धारा

जीवन ख़त्म नहीं हो जाता कुछ सपनों के छूट जाने से
रात कहाँ ख़त्म हो जाती है कुछ तारों के टूट जाने से

माना के वो वैभव नहीं है, अच्छा वक्त भी नहीं है
जीना क्यूँ छोड़ दें हम वक्त के बदल जाने से

हो सकता है तुम्हारा सफ़र अलग हो
औरों से थोड़ा दुर्गम, कुछ कठिन हो
बताओ चलना क्यूँ छोड़ दें हम रास्ते के रूठ जाने से

वक्त के हाथ के खिलौने हैं हम सब
टूटते, बनते, बिखरते, सँवरते, निरन्तर
बचपन क्यूँ ख़त्म हो, कुछ खिलौनों के टूट जाने से

ये भी हो सकता है तुम, हम, थके से हों
इस बार ही नहीं, कई बार के हारे हों
पर राहें कहाँ थमती हैं, पथिक के थक कर चूर हो जाने से

सब संघर्षरत हैं, अपनी अपनी मुश्किलों से जूझते
फिर क्यूँ दुःखी हों हम, किसी का कुछ अच्छा हो जाने से

आओ एक अच्छा जीवन जी लें, मरने से पहले
कहाँ फ़र्क़ पड़ता है इस धरा पर, तुम्हारे, मेरे चले जाने से...

नाज़ुक मन

इन दिनों मेरा मन फिर घिर गया है
डर के घुमड़ते बादलों के बीच
ठीक वैसे ही जैसे
कभी मेरा हवाई जहाज घिर जाता है
ऊपर आसमान में बादलों के बवंडर में
हिचकोले खाता
नीचे ज़मीन पे जा गिरने की शक्ल बनाता

दर्द और डर से दोस्ती है
मेरी संवेदनशीलता की हदों को धकेलते
कभी ये दोनों मुझे ऊपर आसमान में उड़ा ले जाते हैं
तो कभी गुटबंदी कर
आसमान में बादलों से
नीचे गिराने की धमकी दे डालते हैं

दर्द और डर की इस घेरेबंदी से
बाहर निकलना चाहता हूँ
अपनी संवेदनशीलता को अब
लगाम देना चाहता हूँ
मुझे ना कहीं दिल लगाना है
और ना दिल पे लगाना है
दर्द से तो शायद छुटकारा ना मिले

इस सफ़र में
पर मेरे डर को
और मेरे संवेदनशील मन को
दूर बहुत दूर, कहीं छुपाना है।

तुम चलना ज़रूर

जीवन का निचोड़
अभी तक का, मेरा
बस इतना-सा है
जीने का पर्याय बस चलते रहना है
मंज़िलें मिले तो ठीक
ना मिले तो भी सही
हमें रुकना नहीं है
यात्रा का अनुभव ज़रूरी है... मंज़िल नहीं

हदबंदियों को तोड़ बेख़ौफ चलना
दुनिया की उठती अँगुलियों से बेपरवाह हो चलना
मौसमों से, बदलते लोगों से बेफ़िक्र हो चलना
कही-सुनी बातों को दर-किनार कर चलना

तुम चलोगे, तो कई और चलेंगे
तुम उठोगे, तो कई और उठेंगे
तुम बदलोगे, तो कई और बदलेंगे
तुम्हें देख, तुम्हारी परिस्थितियाँ भी बदलेंगी

कई अनुभव मिलेंगे
उन नए अनुभव को अपने साथ जोड़ते चलना
कुछ उसूल नए बनेंगे
उन्हें भी अपने अंदर कहीं जगह दे, चलना

ख़ुद पे यक़ीन रखना
हिम्मत रखना
अपनी ख़ुशियों से, अपने गमों से
अपने सपनों को सजा के चलना
अपने दिल में हौसलों की लौ जला के चलना
पर चलना तुम
तुम ज़रूर चलना।

एक बात

मुझे तुमसे एक बात कहनी है
जब भी मैं आँखें बंद करता हूँ
तुम आ जाते हो
ठीक मेरे सामने
मेरे अंदर तक
तुम्हारी रोशनी, मुझे अंदर तक रोशन कर देती है
तुम्हें मैं फिर से पा लेता हूँ, अपने अंदर, अपने समीप
पर तुम्हें अपने पास रखने की कोशिश में
आँखें ख़ुल जाती हैं
और मिलते हैं कुछ आँसू
ये सिलसिला रोज़ का है
जब से तुम गए हो
पर तुम फिर भी हो मेरे साथ
मेरी ज़िंदगी में
मैं ज़िंदा हूँ
शायद
तुम्हें अपनी यादों में ज़िंदा रखने के लिए।

ये मन

देखो
तुम्हारे हाथों में ठहरीं ओस की बूँदें
जैसे रात भर
हाथों को ख़ुले आसमान में फैला के रखा हो
आचमन कर इन बूँदों का
अपनी आँखों में झाँक कर देखो
सब कुछ तो तुम्हारे अंदर ही है
व्योम की गहराई
स्थायित्व के लिए
आत्मा का सूरज
तैयार दूर करने को तम
सर्वव्याप्त है तुममें ईश्वर
प्रहरी बन
फिर क्या ढूँढ़ता, कहाँ उड़ता है ये मन ?
बहरी (पंछी) बन।

मेरा अपना घर

आज फिर मेरे बूढ़े हो चले मकान ने मेरे ख़्वाबों में दस्तक दी
उसकी उम्र क़रीब सौ पार कर चालीस हो चुकी होगी अब
वो जर-जर-सा खड़ा मकान कभी मेरा घर होता था
सामने अस्पताल में जन्म हुआ था मेरा
वहीं घुटनों के बल, मैंने चलना सीखा
बोलना और पहले पहल दीवारों पे लिखना सीखा
दौड़ना सीखा
हँसना, रोना और चुप रहना सीखा
पेड़ पर चढ़ना, मिट्टी से खेलना और पतंग उड़ाना
सबकुछ मानो उस घर के अहाते में ही तो सीखा

उस बड़े से मकान में मेरी एक छोटी-सी अलमारी होती थी
जिसमें ना जाने कितने सपने छुपाए थे मैंने
किताबों को जमाया
पेंसिलों को सजाया
कई सारी तसवीरों को लगाया
आज फिर याद आया अलमारी का वो खंड
जिसने मेरा साथ दिया हमेशा
आज भी वो अलमारी अपने अंदर
मेरे उन छोटे-छोटे सपनों को संजोये होगी
वो मेज़ वो कुर्सी पास कहीं टूट चुकी होगी
वो पलंग अब इंतज़ार कर दम तोड़ चुका होगा

या फिर किसी और के घर बेच दिया होगा
उस पर अपने प्रकार से गढ़े मेरे नाम को
पर फिर भी उसने सँभाले रखा होगा

वो खिड़की जहाँ मैं खड़ा हो चंपा के पेड़ को तकता
सूर्यास्त को देखता तो कभी चहकते पंछियों से बातें करता
आज भी अपनी सलाखों पे मेरी मुट्ठियों के निशान को सँभाले होगी
कितना कुछ देखा था मैंने उस खिड़की से
और कितना कुछ देखा था उस खिड़की ने मुझमें
मेरा बीता कल, मेरा आनेवाला पल
मेरे आँसू, तो मेरी खीझ, मेरी हथेलियों का पसीना
सब कुछ उन हरी सलाखों पे चस्पाँ है
बेशक वो काली पड़ गई होंगी
मेरे इंतज़ार में अब थक गई होंगी
वो बड़ा-सा आँगन, और वो चार-दीवारी
जहाँ मैंने क्रिकेट सीखा
दौड़ना, हारना सीखा, सीखा वहाँ मैंने जीतना भी
वो आँगन अब दरारों में होगा
अपनी हालत पर अब रोता भी ना होगा
वहीं आँगन से ख़ुलता था एक हरा दरवाज़ा

कुएँ की ओर
जिसकी ओट में हम बैठा करते थे, पानी भरते
अब अकेला वहीं खड़ा होगा
उसका पानी भी अब ठहरा होगा
अमरूदों के पेड़ अब कट चुके होंगे

पर मैंने देखा नारियल का वो लम्बा पेड़ अब भी यूँ ही खड़ा हुआ है
पत्तियाँ कुछ कम हैं, लेकिन फल दे रहा है
बगीचे की दीवारें, जो कभी हमारी ढाल थीं
अब नदारद हैं
गिरने से पहले दीवारों ने मुझे पुकारा होगा
मैं था नहीं वहाँ, कहीं दूर अलग दुनिया में
अब नई दीवारों से घिरा
उन चिल्लाहटों को कहाँ सुन पाया मैं

कितने कोने थे उस घर में
हरेक ने मुझे छुपाया था, सँभाला था
मेरे कुरेदन को झेला था
मुझे अपना समझ कर पाला था
वो कोने अब निढाल होंगे
कुछ टूट चुके होंगे तो कुछ अब टूटने को होंगे
मेरी वो साइकिल अब मुझे दिख नहीं रही
मेरे वो जमा किए सारे पत्थर भी ग़ायब हैं
वो लटाई
वो क्रिकेट का बल्ला
मेरी रजाई
मेरी हवाई चप्पल
मेरी लालटेन, मेरी शीशे की ढिबरी
मेरा बचपन
मेरा वो घर
कुछ भी नहीं बचा अब

कहने को कई घर हैं अब
रोशनी की कमी नहीं अब
मख़मल है
कारें हैं
पर मेरी साइकिल अभी भी याद है मुझे
मेरा वो अपना घर अभी भी बाँधे है मुझे।

एक दूसरे को

चलो कुछ लिखें
कुछ सोचें
चलो आज फिर एक दूसरे को खोजें
कुछ समझें
कुछ समझाएँ
चलो आज फिर एक दूसरे को मनाएँ
कुछ देखें
कुछ दिखाएँ
चलो आज फिर एक दूसरे को समझाएँ
कुछ तुम बोलो
कुछ हम बोलें
चलो आज एक दूसरे को सुनें सुनाएँ।

मृत्यु दुख देती है

मृत्यु दुख देती है
परंतु एक कठोर सच यह
कोई बात करना नहीं चाहता इस पर
होती सारी बातें जीवन पर
कई लोग पूरी ज़िंदगी जी नहीं पाते
मगर
तुम, मैं, हम सब
कोई भी नहीं बच पाएँगे
एक दिन सब, कभी ना कभी, मृत्यु को पाएँगे

पूछो उसे, जिसने मृत्यु को देखा है
किसी अपने को दम तोड़ते देखा है
कैसे मर जाते हैं सारे सपने
जब हमेशा को छोड़ जाते हैं हमारे अपने
वो अकेलेपन से सनी रातें
वो सन्नाटों में गूँजती उनकी बची-खुचीं आवाज़ें
वो बस शून्य में सब विसर्जित हो जाना
और फिर कभी ना लौट के आने का दर्द
पूछो उसे, समझो उनसे

किसी के बिना, नई सुबह को जीना
रातों को रोना, रह रह के पुराने ख़यालों में खोना

कैसे सबकुछ ठीक होगा ?
कैसे फिर वो ही पुराने-से दिन लौटेंगे ?
एक पल को वो तुम थे
यहीं मेरे साथ, मेरा हाथ छूते
एक पल में चले गए
ज़िंदगी को छोड़
बहुत दूर...

पलाश के फूल

उन पलाश के फूलों की यादें अभी भी ताज़ा हैं
दिल में
बसंत की अगुवाई करते
केसरिया रंग बिखेरते
क्या धरती
क्या आसमान
तुम्हारे घर के बगीचे में तो पलाश के पेड़ों की भरमार थी
तुम्हें याद है कैसे हम पलाश के फूलों को चुन कर
होली के रंग बनाने की असफल कोशिश करते ?
हमारे हाथ केसरिया रंग जाते
क्या अब भी वो पलाश के पेड़ वहाँ खड़े हैं ?
क्या अब भी उनमें फूल उगते हैं ?
क्या अब भी तुम उन्हें चुनती हो ?
तीस बरस हुए हैं
अब तो उन्हें काट गिराया होगा।

उन्मुक्त उड़ान

मेरा मन अब सीमित संसार में नहीं रह सकता
उसे उड़ने के लिए एक विस्तृत व्योम चाहिए
एक ख़ुला आसमान
जहाँ का फैलाव असीमित हो
बिलकुल अनंत

नहीं चाहिए मानसिक जड़ता
वो शिथिलता
चाहता है मन बने एक पंछी
ख़ुले गगन में उड़ता
या फिर बन बंजारा
सरहदों के मायने ख़त्म करता
नई डगर, नए शहर
अनुभूति करता
अनोखी, अनूठी, नई, एकदम निराली।

किनारे बदल गए

ज़िंदगी की आपाधापी में
कहीं बहुत पीछे छोड़ आया हूँ मैं अपना दिल
साथ छूट गए वो सारे अहसास
जिन्हें कभी दिल से लगा रखा था
वो अहसास जो कभी मेरी पहचान बनकर
मेरे साथ चला करते थे

उन अहसासों के साथ धीरे-धीरे
बिछड़ते गए
मुझसे मेरे उसूल
कुछ उसूलों को मैंने छोड़ा
तो कुछ मुझे ख़ुद-ब-ख़ुद छोड़ गए
समय के कँटीले बहाव में
बह गए मेरे लक्ष्य, मेरे वो गर्मजोश इरादे

कहने को है अब भी ज़िंदगी का सफ़र निरंतर
पर जीने के इरादे बदल गए
बदल गए सारे पहलू, वो वादे बदल गए
निकले थे ज़िंदगी की कश्ती लेकर
बहते दरिया में
मगर ग़ौर से देखे तो अब किनारे बदल गए।

पौधा

आज अपने बसाए आशियाने के अहाते में
एक नए पौधे को देखा
उस छोटे-से पौधे को निहार रहा था मैं
सुनहरी धूप में
ओस की बूँदों के वज़न से
नन्ही टहनियाँ झुकती-सी नज़र आ रही थीं
पर ख़ुशनुमा-सा दिखता है वो

हमारे नए, उन्मुक्त विचारों का सृजन है वो
हमारी आत्मीयता की शाखाएँ पनप रही हैं उसमें
अभी काफ़ी छोटा-सा दिखता है वो
पर, सच मानो
इस बार
यक़ीनन एक बड़े पेड़ की शक्ल लेने को लालायित है
इस बार शायद इसकी जड़ें भी मजबूत होंगी
भरोसा है मुझे आने वाली उन शाख़ों पर
जो आने वाले समय में
फल भी देंगे और ठंडी छाँव भी

ज़िंदगी शायद फिर से ख़ुशनुमा होगी
आज अपने बसाए आशियाने के अहाते में
एक नए पौधे को देखा।

मैं और तुम

मेरा निश्चय
तुम्हारी दृढ़ता
मेरा त्याग
तुम्हारी प्रगाढ़ता
मेरा स्वाभिमान
तुम्हारी सृजनता
मेरा विवेक
तुम्हारी अटलता
मेरा विस्तार
तुम्हारी सूक्ष्मता
मेरा अल्हड़पन
तुम्हारी परिपक्वता।

दिव्यता

सूर्योदय का तेज
अपनी लालिमा बिखेरता मेरे चेहरे पर
अपनी आँखों को बंद कर
मैं सबकुछ ख़ुद में ही समाहित करना चाहता हूँ
मेरी सारी अधूरी इच्छाएँ
मेरी अनिश्चितताएँ
मेरे सारे भ्रम
टूटी उम्मीदें, सारे गम
बहुत सारी उलझनें
ये सब मानो जैसे सिमट कर मेरे अंतर्मन में विलीन हो रहे हैं
जैसे मेरे अंदर का मसीहा जगा कर
मेरे हौसलों को बढ़ा रहे हैं
मेरी चेतना की लौ को और प्रखर बना रहे हैं।

कड़वी हवा

मेरा आँचल सूखा
मेरा छलनी दामन
ख़ून सने अब मेरे आँगन
सूख गया अब ज़र्रा ज़र्रा
चारों ओर बना श्मशान-सा आलम
कभी खिलखिला के मचलती थीं झीलें, नदियाँ नाले
अब सूखी डाली करती हूँ तेरे हवाले
मत रो तू मेरी इस बंजर बेबसी पे
हवा का रुख़ तूने ही तो बदला अपनी करनी से
अब बस लाह है मेरी बिखरी माटी में
तपिश बची है मेरी छाती में
कहीं जलमग्न होते मेरे किनारे
तो कहीं आग उगलते पत्थर बने अंगारे
खूब रुलाया तुमने
अब तो आँसू भी सूख चले
तुम्हें जन्म दिया मैंने
देखो मुझे ही तुम मार चले
काट कर जंगल, मुझे बेआबरू किया
अरे इंसान तूने ऐसा क्यूँ किया ?
ना भूख से बिलखते तुम
ऐसे ना तड़पते तुम
कैसे पालूँ तुम्हें
कहाँ से लाऊँ रोटी ?
काश! तुम्हारी लाई यह कड़वी हवा ना होती।

रात का अहसास

रात भर नरम हवाएँ चलती रहीं
रात भर तुम्हें मैं इन उड़ते बादलों के बीच ढूँढ़ता रहा
रात भर तुम्हारी परछाई को उकेरता रहा
अब सुबह हो तो रूह को सुकून आए
रात भर मेरे सीने में तुम्हारी रूह करवटें बदलती रहीं
और मुझमें समाती रहीं
जैसे समंदर में उफनती मचलती हुई लहरें
साहिल से टकराकर

फिर से समंदर में समा जाती हैं
रात भर तुम्हारी ख़ुशबू मेरे जहन में समाती रही
रात भर तुम्हारी मुस्कराहटें आँखों में उतरती रहीं
रात भर तुम्हारी इन्हीं यादों का सिलसिला चलता रहा
रात भर ढूँढ़ता रहा
तुम्हारे साथ बिताई वो चंपई धूप
मैं ग़लत था
मालूम था मुझे
पर तुम्हारी यादों में दिल की उलझनों का मंजर कुछ ऐसा ही हूँ
रात भर बरसता रहा पानी
दर्द भरे घने काले बादलों से
रात भर मन भीगता रहा
मुरझाया-सा उदास
ढूँढ़ता रहा वो तुम्हारे अहसास का चाँद... रात भर
कल रात...

मेरे साथ

शुक्र है उजालों के सहारे हैं
कुछ बिलकुल क़रीब
तो कुछ दूर ही सही
मगर आज कई साथ हैं मेरे

कभी ख़ुद को बदला
कभी सफ़र बदला
कभी वो बदले
तो कभी समय बदला

बमुश्किल ढूँढ़ा है इन साथियों को
एक उम्र लग गई इन्हें पाने को
आज कई साथ हैं मेरे
अकेला नहीं हूँ मैं
आज कई हाथ हैं मेरे।

मेरी हार

जिसे तुम हारना मान रहे हो
मेरे नज़रिए से देख पाओ अगर तुम तो
उसे मानना कहते हैं
मैं हारा नहीं
मैंने मान लिया तुम मेरे हो नहीं सकते
हार मानने
और दिल को मना लेने में फ़र्क़ होता है।

सोच साथ की ...

बहुत आजमाया अपने आपको इन ठंडी आधी अधूरी छाँव में
आओ अब तप लें थोड़ा गरम हवाओं में
थोड़ा तुम बदलो, थोड़ा हम बदल जाएँ
कुछ तो काम साथ मिल के किया जाए

बहुत हो चुका क़त्ल-ए-आम अब
आओ मिल के लाशों को गिना जाए
खून का हिसाब लगाया जाए
कुछ तो काम साथ मिल के किया जाए

बहुत देर हो चुकी है अपने अपने धर्मों का बचाव करते
अब इंसानियत आजमाई जाए
आओ मिल के इस धरती को बचाया जाए
कुछ तो काम साथ मिल के किया जाए।

तुम्हारी तरफ़ का चाँद
क्या मेरी तरफ़ के चाँद से अलग है ?
चलो चाँदनी रात में अलख जगाई जाए
कुछ तो काम साथ मिल के किया जाए।

आडम्बर

जीवन जिसे लोग कहते हैं
जिया किसने है ?
एक दूसरे को ढोते हैं
जिस ताने-बाने की बात तुम करते हो
वो झुलसा पड़ा है
बरसों बरस की आग से
ना कोई डोर बची ना कोई सिरा दिखता है
बस
बाहरी कृत्रिम रोशनियों से चमकते
अंदरूनी अंधेरों को छुपते-छिपाते
चले जा रहे हैं
कहीं दूर बड़ी तेज़ी से
सब आडम्बर के ताने-बाने में साँसें लेते।

मैं अकेला नहीं हूँ

मैं अकेला नहीं हूँ
क़तई भी नहीं
जैसा तुम सोचते हो वैसा तो बिलकुल भी नहीं
साथ मेरे हैं मेरे सपने
मेरी ख़ुशमिजाज़ी
मेरी महत्त्वाकांक्षाएँ
हमेशा मेरे मन को टटोलते, बहते ये गहरे बादल
वो शाख़ पे बैठी चहकती गौरैया
उससे भी मेरा रिश्ता है
मेरे आँसू मेरे साथी हैं
ये उगता सूरज
ढलती शामें
वो दूर गगन पर घट-बढ़कर निकलता चाँद
रातों में मेरा साथी होता है
और जब वो नहीं होता
तो अमावस होती है मेरी सहेली
मुझसे अपनी बातें करती
कभी मेरी भी सुनती
ये हवाओं से मचल कर खिलखिलाती शाख़ें
देखो मेरी रहबर हैं
बरसों बरस की

मैं अकेला बिलकुल नहीं हूँ
सभी तो हमेशा से मेरे साथ थे
और अब भी हैं
मेरे अपने, मेरे साथी
फिर बताओ मैं अकेला कहाँ ?

तुम्हारे सिवा

यह सफ़र कुछ अलग-सा है
मेरे जैसे संवेदनशील दिलों के लिए नहीं
मुझे रोज़ काँधे पर हाथ चाहिए
मुझे हर शाम वो मुस्कान चाहिए
हर रात साथ होने की तसल्ली चाहिए
बस तसल्ली
मेरी ज़िंदगी का सफ़र इस कदर एकाकी में गुज़रा है
कि मन यह सोच के सिहर उठता है
क्या फिर मैं अकेला हो जाऊँगा
क्या मेरी उम्र फिर तन्हा अकेली गलियों में सिमट के रह जाएगी

शायद मुझे प्यार का मतलब नहीं पता
हो सकता है
इज़हार का तरीक़ा नहीं पता
हो सकता है
मैंने सच्चा प्यार कभी किया ही नहीं
या फिर यह भी हो सकता है
मेरी ज़िंदगी में सच्चा प्यार हो ही नहीं
किससे पूछूँ
तुम्हारे सिवा...

दोनों

दो अनजाने
दो अजनबी
जब ज़िंदगी की राहों पर मिले
दोनों ने एक साथ बादलों को देखा
हवा के बहाव को महसूस किया
ठिठुरन भी थी दोनों के दिलों में एक-सी
उनकी आँखों ने भी एक ही सपना बुना
ख़ामोशी की चादर ओढ़े रातों में
एक-सी ख़्वाहिश थी दोनों के मन में
साथ ज़िंदगी गुज़ारने की
एक दूसरे के पूरक बन
कुछ अलग-सा करने की
जो कभी किसी ने सोचा नहीं
जो कभी किसी ने किया नहीं
वो दोनों बिलकुल एक से थे...

ख़ुद ब ख़ुद

कल रात मेरे दिल का वो कोना
जो अक्सर ख़ाली रहता है
अचानक तुम्हारी याद में
लबालब भर गया
फिर नींद नहीं आई
जब आँखें बंद हुईं तो
रात भर सपने में
तुम आते-जाते रहे
सुबह उठा तो
तुम्हारे बदन की ख़ुशबू
मेरे चारों ओर महक रही थी
ये मेरा दिल
ये मेरा मन
कितना कुछ सोच लेता है
ख़ुद ब ख़ुद।

तुम हो ही नहीं

बात उन लहरों की थी
जो मेरे अंदर उमड़ रही थी
पास आ के सुन पाते तो
तुम्हें अहसास हो जाता

बात उन लम्हों की थी जो
तुम्हारे साथ बिताए पलों का समावेश थे
मेरी आँखों में झाँकते तो
तुम्हें दिखाई दे जाते

पर तुम होते तो ना
तुम हो ही नहीं
फिर ये लहरें कैसी ?
फिर ये लम्हे कैसे ?

अगले पड़ाव पर ...

सोचता हूँ सुबह को अब आराम दूँ
रात तो थक के गुज़र गई
तुम्हारे इंतज़ार में
सोचता हूँ मन के ऊहापोह
को भी अब कुछ विश्राम दूँ
आँखें पथरा गईं तुम्हारे इंतज़ार में

माना कि वादा नहीं था
कुछ साफ़ इरादा भी नहीं था
ये भी माना कि मैंने तुम्हें रोका नहीं था
पर क्या तुम्हारे पास
और कोई तरीक़ा नहीं था?

जैसे जाने वाले को
कौन रोक पाया है
वैसे ही
मेरे इंतज़ार की ज़िद का भी
कहाँ अंत हो पाया है
इस उम्र, या फिर अगले पड़ाव पर
तुम्हारा इंतज़ार रहेगा...

वापस आने के लिए...

मैं सिर झुका के निकल गया
पीछे मुड़ के देखने की हिम्मत नहीं थी
माँ के क़दमों की आहट आ रही थी
पर मैं मुड़ ना पाया
आँसुओं की घटाएँ आँखों से बस बरसने को थी
फिर माँ की आवाज़ आई
आशीर्वाद है बेटा
जल्दी आना
मैं मुड़ा
आँखें मिलाईं और शीश नवाया
फिर पलट के
चल पड़ा
मेरे सफ़र को
लम्बे सफ़र को
वापस आने के लिए
मेरे माँ-बाबूजी से मिलने के लिए...

जीवन - मृत्यु

आज रात फिर
यह हवाई जहाज ज़ोरों से हिल रहा है
आज फिर कहीं हवा का दवाब कम-ज़्यादा है
ऊपर आसमान में जहाँ मैं हूँ
या नीचे ज़मीन की सतह के क़रीब, जो मेरी मंज़िल है

अक्सर मेरे इन हवाई सफ़रों में, जब मैं ऐसे दवाबों के घेरे में होता हूँ
तो अपनी मृत्यु की तैयारी करता हूँ
पहले-पहल डर में गुज़र जाते थे ये पल
मगर अब
मेरी आदत-सी बन गई है
अब इन क्षणों में
मैं जो मेरे अपने हैं
कुछ मुझसे दूर और कुछ जो मेरे क़रीब हैं
उनको याद कर नमन कर लेता हूँ
ईश्वर को वंदन कर, स्मरण कर लेता हूँ
कुछ माफ़ियाँ माँगता हूँ
तो कुछ को वापस मिलने का
दूसरे जीवन में फिर साथ चलने का वादा कर देता हूँ
कुछ हँसी याद आती है, तो वहीं कुछ आँसू दोबारा जी लेता हूँ
कुछ को अपने मन में गले लगा लेता हूँ
कुछ को दूर से ही अलविदा कह लेता हूँ

अब मुझे मृत्यु से डर नहीं लगता
कई बार जिया है उसे क़रीब से।

एक पुराना मौसम

आज हमें याद आया
फिर वो पुराना मौसम
यादों ने फिर टोह ली
वो पुरानी अनकही उलझी
बीती बातों की
वो सीने में उतरता उन्मुक्त चाँद
ठीक वहीं थोड़ी दूर पर
सहमी-सी गुज़रती अनगिनत रातें
और इन सबके बीच नरम बहती पुरवाइयाँ
तुम्हारी बातें
तुम्हारे इशारों से भरी चमकती आँखें
कहाँ भुला पाया मैं आज भी वो नज़ारे
कल कितना अच्छा था
अब बेबस-सा मैं सोचता हूँ
हमारा वो कल
हमारे उस कल में ही जीना चाहता हूँ
उन देखे हुए, कुछ अधपले सपनों में
आज भी अपना सच ढूँढ़ता रहता हूँ
वो साथ बिताए मौसम, वो जागती हुई रातें
वो नरम हवाओं की बिसातें
वो सफ़ेद दीवारों पर

हमारी उन परछाइयों की शक्ल को
आज भी मैं
उकेरता रहता हूँ
तुम्हें ढूँढ़ने के बहाने।

पिंजर बंद ज़िंदगी

अक्सर हम अपनी ज़िंदगी बंद पिंजरों में गुज़ार देते हैं
ज़्यादा फ़र्क़ कहाँ होता है
पिंजर बंद चिड़िया और हम में
हम और हमारी सोच
नज़रबंद रहते हैं
मजबूरियों की सलाखों में
समाज के दकियानूसी संकुचन में
अपने झूठे अहम की चार-दीवारी में
अपनी-अपनी हदबंदियों के दायरे खींच
अपने अनसुलझे सवालों के बीच
ना सवाल करने की कोशिश
ना जवाब पाने के ख़लिश
साँसों की आवाजाही से भी हमारा रिश्ता सिर्फ़
एक ज़िंदा लाश बन, जंजीरों में जकड़े रहने का रहता है
कहाँ छोड़ आए हम अपनी उड़ानों के पंख
ना जाने कब और कैसे भूल गए अपनी स्वतंत्रता के रंग
वो बेबाक इरादे,
वो सपनों की बातें
अब सिर्फ़ डर हममें पलता है
हमारी ज़िंदगी का क़िस्सा
बस इन सबके बीच सहमा सहमा-सा चलता है।

ख़ूबसूरत लम्हे

ज़िंदगी से कहीं ज़्यादा ख़ूबसूरत हैं
मेरी यादों के
ये लम्हे
मुझसे कई बार
मेरी धड़कनें पूछती हैं
जब मैं ठहर जाऊँगी
तो तुम्हारे लम्हों का क्या होगा
सब ख़त्म हो जाएँगे
फिर क्यूँ सँभाल के रखा है इनको?
अब मेरी धड़कन को मैं कैसे समझाऊँ
तुम धड़कते ही इन लम्हों की वजह से हो
चाहो तो इन लम्हों को
चुन अपने कुर्ते की जेब में रख लो
या अपने तकिए के गिलाफ़ में कहीं समेट रख लो
लेकिन अपने से दूर मत होने देना इन्हें
आँखों से ओझल मत होने देना इन्हें
जी लेना इन्हें बार-बार
अपने हिसाब से
बेफ़िक्र हो।

तुम्हारे आने की बात

बात तुम्हारे आने की है
इसलिए सब ख़ुशनुमा-सा है
चाँद को अपने काँधे पर सँभाले
शाम इंतज़ार कर रही है
तुम्हारे आने का
वहीं सूरज तुम्हें नज़र करने
ठहरा हुआ है
ये पंछियों का कलरव भी
तुम्हारे स्वागत की
चहल-पहल का हिस्सा है
बादल गहरे सुनहरे रंग लिए
तुम्हारी एक झलक को लालायित हैं
इन सबसे घिरा मैं
और मेरा मन
मेरी आँखों का साथ दे रहे हैं
पलकें बिछाए
तुम्हारे इंतज़ार में।

बादल तक

एक नई पगडंडी खींच
बादलों तक
चलो चलते हैं दूर कहीं
अनजान सफ़र
हो सवार हवा पे
होते हैं रूबरू ज़िंदगी से
बहुत हुआ चलना
जानी-पहचानी राहों पर
बहुत हुआ रुकना
पुरानी बातों पर
आओ अब एक नया आयाम दें
चलो एक नई पगडंडी खींचे
बादलों तक।

हाथ की लकीरें

हमेशा मैं अपने हाथों की लकीरों को देखता
और उनसे पूछता
मेरे भाग्य की रेखाएँ कैसी हैं
क्या मैं वो सब कुछ कर पाऊँगा
जो मैं सपनों में देखता हूँ
लकीरें ख़ामोश मुझे देखतीं
मैं हर वक़्त नई संभावनाओं को उनमें तलाशता

मेरी हथेली पर फैले इस मकड़जाल में
ख़ुद को मेरे सपनों के साथ बुनता रहता
कई लकीरें मेरे साथ आज तक क़ायम हैं
कुछ समय की रेत में कहीं धूमिल हो गई हैं

आज भी मैं अपने दोनों हाथों को सामने रख कर
कुछ सवाल पूछता रहता हूँ
सपने जो पूरे हुए हैं
उनकी बात करता रहता हूँ
कुछ नई आशाओं के जाल बनते जो मुझे नज़र आते हैं
उन्हें साकार करने का रास्ता ढूँढ़ता रहता हूँ
इन लकीरों के जंगल में वो पगडंडी ढूँढ़ता रहता हूँ
जिस पर चलकर मैं तुम तक पहुँच सकूँ।

विचारशून्य-सा मैं

कभी-कभी सोचता हूँ
बस बहुत हुआ
अब घर को चलता हूँ
पर फिर सोचता हूँ
घर रहा कहाँ
बरसों बरस हुए उसे ढहे हुए
अब बस वीराने रास्ते हैं
टूटे मकान के अवशेषों को सँभाले
एक निराशा है कहीं
चकाचौंध के शोर में

मन में
एक घबराहट-सी है अंदर मेरे
आँखों से मेघ बन बरसने को तैयार
कभी भी
कोई छोटी-सी बात को ले कर
एक सहमा-सा अकेलापन लिए है
मुझमें कहीं
मेरा अपना मन
मानो चाह के भी कुछ
कह नहीं पा रहा हो
बस घर की ओर इशारा करता

मेरे अपने अंतर्मन को कैसे दिखाऊँ
बाहर क्या घट रहा है
उसे कैसे समझाऊँ
अब वो सब टूट चुका है
काफ़ी पीछे छूट चुका है
भग्नावशेषों में इंगित हुआ
जैसे कुछ मेरे अंदर है
वैसे ही कुछ मलबा बाहर बिखरा पड़ा है।

तुममें मैं

मैं कितना हूँ तुममें
यह तुम्हारी ख़ामोशी सुनाती है मुझे

मैं कितना हूँ तुममें
यह तुम्हारी ज़िद समझाती है मुझे

मैं कितना हूँ तुममें
तुम्हारे ये सपने दिखाते हैं मुझे

मैं कितना हूँ तुममें
तुम्हारी लिखी हर बात में दिख पड़ता हूँ मैं

मैं कितना हूँ तुममें
तुम्हारी आँखों की नमी मेरे मन पर महसूस होती है

मैं कितना हूँ तुममें
शायद जितने तुम हो मुझमें
या फिर उससे भी कहीं ज़्यादा।

धनक

मन के धनक में कितने रंग होते हैं
एक रंग उजला पीला-सा
जिससे फैलता है प्रकाश
दैदीप्यमान करता हमारे मन को
एक सुर्ख़ लाल
जो डूबा है प्रेम में
अपनी लालिमा बिखेरता हुआ
गहरा नीला
आसमान की शक्ल-सा
मन की गहराई को दर्शाता

सफ़ेद, बेदाग़
मन की सादगी को
प्रतिबिम्बित करता

और न जाने कितने रंग
कितने ही अर्ध-रंगों की बौछारें
जिन सबको मिलाकर बनता है
हमारे मन का स्वरूप
हमारी अपनी इच्छाओं का इंद्रधनुष
और एक रंग बिखरा है
अभी मेरे मन की सतह पर

ऐसा लगता है मानो कुछ टूट रहा है फिर
मन कुछ ढूँढ़ रहा है फिर
एक परछाई है निराशा की
काले बादल छाए हैं
या फिर गीले मन का जलता धुआँ
जो भी है
लगता उदासी का रंग हावी हो रहा है
मेरे मन के इंद्रधनुष के बाक़ी रंगों पर।

एक नया कल

तुम हो आज मेरे साथ
कल का पता नहीं
वैसे आने वाले कल का पता होता ही किसे है
लोग तो बीते कल में ही अपनी ज़िंदगी जी लेते हैं
पर मैं
तुम्हारे साथ मेरे आज में जीना चाहता हूँ
कल की चिंता ना मुझे थी
और अब जो तुम मेरे साथ हो तो
मुझे आज की भी फ़िक्र नहीं
तुम और मैं शायद आज के लिए ही बने हैं
आओ, इस आज की ज़िंदगी को ज़िंदादिली से जी लें
एक नए कल को जन्म देने के लिए।

तेरा साथ

तेरे साथ होने का फ़र्क़
अब मेरी मुस्कानों में साफ़ झलकता है
फिर से कुछ नया कर गुज़रने को जी करता है
थमी, ठहरी-सी थी दुनिया ये मेरी
मगर
अब हर क़दम तेरे साथ रख
नई दिशा को मुड़ने की तमन्ना रखता है।

इम्तिहान

ज़िंदगी ने झकझोरा बहुत
झुकाया
तोड़ा
सताया बहुत
आँसुओं की सूखी लकीरों से
समय के थपेड़ों में उलझी
जालों की शक्ल लिए झुर्रियों से
पूछो
मेरी हँसी का कहाँ कुछ कर पाए तुम ?
मुझे हँसने से कहाँ रोक पाए तुम ?

दृश्यम

प्रकृति के चिलमन से
छलकती रोशनी
कितना मनोरम ये दृश्य
कितना आत्मीय ये सौंदर्य
नयनाभिराम !
आओ, आँखों से अपने अंदर उतारें
उल्हासित
प्रह्लादित
स्फुटित हो जाएँ ।

कल फिर लौटूँगा

आज की शाम भी अब बस ख़त्म होने को है
तुम्हारे इंतज़ार की एक और हद पार की है मैंने
मेरी थकी आँखों की परतों में ठहरे ये आँसू
अब रोके नहीं रुकेंगे
मेरी कहाँ सुनेंगे
मेरे झुके काँधों पर अब ये यादों का बोझ
कब तक सबर करेगा?
सहमी-सी हवाएँ भी अब मुझसे दूर मुड़ चली हैं
सूने गहरे पेड़ों की काली परछाइयाँ
मेरे अंदर को तलाशती
सभी कोई
अब बदलाव चाहते हैं
मेरी ज़िद का विराम चाहते हैं
मैं अपने हाथों को खोले
कल फिर आने का प्रण करूँगा
मैं कल फिर लौटूँगा।

रिश्तों की दरारें

रिश्तों में दरारें
अब साफ़ नज़र आती हैं
कल तक बिना बोले मन की तकलीफ़ भाँप लेते थे
आज चीखें कहीं दब गईं दरारों में
वो अपनों के बीच का सन्नाटा
अब ख़ामोशियाँ हैं दरारों में
कभी धड़कन पास होती थी एक दूसरे के
अब नफ़रत है दरारों में
कभी हँसते-गाते खिलखिलाते शोरगुल थे
अब चुप्पी भरी पड़ी है दरारों में
कभी शाम की चाय होती थी हाथों में
अब शामों का अँधेरा बसता है दरारों में
तुम भी टूटो
मैं भी टूटूँ
आओ टूट कर मिट्टी हो
भर दें इन दरारों को...

कब तक

एक अजीब-सी जगह है ये ज़िंदगी
अकसर जीते हैं मरते हुए
साँसों को सीने में दबाए
जब ज़िंदा होते हैं हम
और
मरते हैं ज़िंदा रहने को
किसी भी तरह
जब सबकुछ ख़त्म हो
आता है अंतिम छोर
एक अजीब-सी जगह है ये ज़िंदगी
प्यार पढ़ लेते हैं
किताबें भर-भर
प्यार क्या है महसूस नहीं कर पाते
बरसों बरस बीत जाते हैं
बिना जिए... जी जाते हैं ज़िंदगी
एक अजीब-सी जगह है ये ज़िंदगी
संघर्ष कब तक ?
प्रयत्न कब तक ?
रोष क्यूँ कर ?
सहन कब तक ?
बिना विचार किए जी जाते हैं ज़िंदगी
एक अजीब-सी जगह है ये ज़िंदगी

हमारी-तुम्हारी ये छोटी-सी ज़िंदगी
क्यूँ लगती है इतनी लम्बी
अनबूझी-सी पहेली
है ना बड़ी अजीब-सी ये ज़िंदगी ?

ईशा

मन ही मेरा दोस्त है
मन रहा है साथ हमेशा
मेरे अधूरेपन को सँवारता
डर के कण निकालता
मेरे साथ मेरे सपनों को पालता
इस मन का साथ रहा है मेरे साथ
कई बार सँभाला है मन ने
एकाकीपन से उबारा है मन ने
कई अधूरी बातों को चुपचाप पूरा किया है
मेरे मन ने
जब मैं दुःखी होता हूँ
मन भी थोड़ी देर साथ देता है
पर फिर सँभालता है मुझे
मन ही है जो विश्वास देता है
ख़ुशियों की चाह देता है
चलने की राह देता है
मन ही मेरा दोस्त है
मन ही मेरा ईश !

तमाशबीन कौन

कुछ लोग रात के अंधेरे में
रेल की पटरियों पर तमाशबीन
कट कर मर गए
नेताओं का कहना है
साठ थे
समाचार के हवाले
उतने ही थे
कुछ और हैं
जो कटे पड़े हैं
पर मरे नहीं
ज़िंदा हैं अभी
पूरी तरह तो नहीं पर
थोड़ी ज़िंदगी बची है अभी उनमें
इसलिए वो साठ में शामिल नहीं हैं
उनकी अलग गिनती है

अंकों के दायरे में सिमट गए
जो कभी जीवित थे
सपनों से संचित थे
एक मौत
कई लोगों का आसरा छीन लेती है
कई सपने अंधेरों को गर्त हो जाते हैं

कई और मर जाते हैं
जीते जी
उनके मुआवज़े का आकलन कैसे होगा ?
कौन करेगा ?
उनके टूटे सपनों की भरपाई कौन करेगा ?
उनके कटे, क्षत-विक्षत अरमानों का क्या होगा ?

आँसू बहेंगे
रोना-पीटना भी होगा
भाषण होंगे
समाचारों में रोष भरे प्रदर्शन होंगे
फिर सब चुप
जो मरे
जिनके मरे
जो कटे
जिनके कटे
वो सरकार
वो समाचार
वो आक्रोश
वो आवाज़ें
वो चीख़, पुकार
सब चुप
सब शांत
लाशों की अगली खेप तक।

नव सृजन

नई शुरुआत
नए आसार
नए प्रारूप का नया अभिसार
एक नई ज़िंदगी का आगमन
नई भोर से आचमन
नई नवेली आशाओं का पदार्पण
संघर्षों का तर्पण
सदैव तत्पर रहने का प्रण
फिर एक नया रण
कठिन होगी राह मगर
कुछ नया सृजन होगा
विचारों का अतिरेक होगा
एक नया स्पंदन होगा
प्रखरित होंगे नए कुसुम
दूर क्षितिज में
नए सूर्य का आगमन होगा
सुहानी-सी भोर होगी
देखो प्रस्फुटित फिर से जीत होगी।

अलौकिक प्रेम

कितनी आस्था के साथ
मेरा हाथ थामे तुम
ले गए थे युमना तट पे
आँखें मूँद
शीश नवाया
दीप जला कर
आरती की
कई सौ दीपों की दीपमालाएँ जल उठी थीं
हमारे प्रेम की लौ लिए
एक एक दिया जो हमने छोड़ा था नदी में
फिर मेरा हाथ थामे
डगमगाते क़दमों से
तुम नाव में बैठ गए
मुझसे कहा तुमने
आँख मूँद कर मेरा हाथ थामो
शीश नवाओ
और माँगो
यमुना माँ से आज
एक दूसरे का साथ
इस जनम और जन्म-जन्मांतर
जैसे कृष्ण ने थामा था
राधा का हाथ

वैसे ही थामना तुम भी मुझे
वैसे ही अपनाना तुम मुझे
मैं श्रद्धा और प्रेम में नतमस्तक
झुक गया आँखें बंद कर
कहाँ है देवी माँ
एक नया जीवन दे
एक नया शुभारम्भ दे
इस जन्म और जन्म-जन्मांतर
का अब साथ दे
हम एक हों
ये आशीर्वाद दे
आँखें खोली तो
तुम्हें देखा
आँखें अश्रुपूरित
मुझे देखतीं
शायद शुभारम्भ था
हमारा, तुम्हारा
जन्म-जन्मांतर के सफ़र का आरंभ था।

अजनबी माँ

मेरे सीने की सहमी एकांत गलियों में
एक सिहरन-सी उठती है
रह-रह कर
तुम तक तो पहुँचती होगी
मेरी कोख के सन्नाटे में
गूँजती होगी
मेरी छटपटाहट ?
मेरे पछतावे की पीड़ा
तुम तक तो पहुँचती होगी ?

तुम अनभिज्ञ हो
अपने अस्तित्व से
अनजान हो अपने होने से
मेरी धमनियों से बहता ख़ून
अब तुम्हारी रगों में दौड़ता है
मेरे सीने की धड़कन
अब तुम्हारा भी हिस्सा है
ज़िंदा हो तुम
सहमा-सा नन्हा मन
क्या तुम भी सहमे से हो ?
क्या तुम सुन सकते हो मेरी व्यथा ?

मेरा अंधेरा,
क्या तुम्हें भी महसूस है होता ?

मुझमें एक अंधेरा है अब
चुपचाप-सा
उसका साया तुम पर भी तो होगा
एक चुप-सा डर
हम दोनों के रिश्ते को ओढ़े है
मैं माँ हूँ तुम्हारी
पर हमारी अपनी दुनिया के लिए
कहाँ तैयार हूँ मैं ?

तुम तो मेरे मन का हिस्सा हो
तुम समझते हो ना
मेरा डर
मेरा दर्द
मेरी विवशता
साथ दोगे ना मेरा
मेरे इस फ़ैसले का
असर होगा तुम पर
मुझ पर
लेकिन अभी तुम्हें जाना होगा
अपना जीवन त्याग कर
मुझे जीवन दान देना होगा
मैं जन्म कहाँ दे पाऊँगी तुमको
पर तुम जाते-जाते नया जीवन दान दोगे मुझको

तुम्हारे सफ़र का अंत होगा
मेरे अंदर की माँ का भी अंत होगा
ज़िंदा रह पाऊँगी मैं
फिर से तुम्हारा इंतज़ार रहेगा
शायद तब मैं प्रबल रहूँ
तुम्हारे आने का संबल रखूँ
फिर से शुरुआत करेंगे
अगर तुम मुझ पर विश्वास करो
तो इस बार लम्बा सफ़र तय करेंगे
तुम्हारी माँ।

तुम्हारे आने से

सूनापन, एकाकी
वो अधखुली खिड़की में से झाँकते
सुबह-शाम तुम्हारा इंतज़ार करना
बहुत हुआ
ये अधर में बीते पलों का गुज़रना
अब तुम आई हो
देखो अब रोज़ दिवाली है
हर रोज़ की ये जगमगाहट
देखो कितनी निराली है
ख़ुशियों का समागम
ना दर्द ना कोई गम
इंतज़ार है बस वक़्त के ठहर जाने का
सब कुछ धीमे होकर
रुक जाने का
हाथों को फैला
आसमान जोड़ लेने का मन होता है
इन रातों को अब समेट
कहीं और उड़ने का मन होता है
हवाओं को साथ ले
ख़ुद की नई धरती करने का मन होता है
जहाँ ना कोई सूनापन हो
ना फिर कभी कोई एकाकी मन।

एक नई शुरुआत

तुम उठो
मुस्कराओ
तुम रूठो
फिर से हँसो
कुछ बोलो
चलो, कुछ लिखो तुम फिर से गुस्सा हो लो
कुछ लिखो
कुछ देखो
कुछ सुन लो
कुछ पा लो
चलो, तुम फिर से ऐतराज़ कर लो
कुछ सुन लो
कुछ सुना दो
चलो, तुम फिर से अपने आप को सँभाल लो
उठो अब
बहुत हुआ ये चुप रहना
चलो, तुम फिर से शुरुआत कर लो।

जाने क्यूँ

अब शामें कहाँ ढलती हैं...
बस रात के एकल सफ़र का आगाज़ होता है
अब रातों को नींद कहाँ आती है...
बस सुबह का इंतज़ार होता है
अब रातों से डर-सा लगता है...
सपनों की जगह ख़ौफ़ पलते हैं
मेरे अंदर, मेरे क़रीब।
आँखों में भी अब फीकी रोशनी के चिलमन हैं
दिन का उजाला भी कहाँ साफ़ नज़र आता है
जाने क्यूँ...
दिन-रात अब मेरे पास एक उदास इंतज़ार रहता है।

अधूरापन

कुछ दर्द के लम्हे...
एकाकी और अधूरेपन का साथ...
जमाने भर की शिकायतें जमाने से
अधूरा नसीब...
पुरानी बातें
नए ज़ख्म...
ज़िंदगी की उधेड़बुन...
उकसाता है मुझे मेरे अंतर्मन को...
कुछ लिखने को कुछ रंगने को
ताकि मैं कुछ भरपाई कर पाऊँ
इस अधूरेपन भरी ज़िंदगी को...

तेरा न होना

जब गुज़रता हूँ अपने पुराने शहर से
गलियाँ सूनी-सूनी सी...
तेरे ना होने का फ़र्क़ दिखता है
तेरी आवाज़ की नामौजूदगी का असर दिखता है
सब कुछ वैसा ही है
सभी के लिए
पर तुम्हारी कमी का असर
मुझमें और मेरे इर्द-गिर्द दिखता है।

यादों का हिस्सा

हर एक पल
हर एक लम्हा...
बीत जाता है
गुज़र कर दर्ज हो जाता है
यादों में
रह जाता है सिर्फ़ बातों में
हमारी तुम्हारी बातों को
सहज सँभाले हुए
फिर कभी ना वापस आने के लिए
जीवन हमारा इन लम्हों से बना
हर पल गुज़रता
चलता रहता
बिना रुके...
हम बनते जाते हैं यादों का हिस्सा
किसी और की बातों का हिस्सा
बस इतना-सा ही सच है
जो बीत जाता है
समय हो या फिर जीवन
लौट के कभी नहीं आता
कभी भी नहीं...

तमाशा

मेरी गुरबत का तमाशा बना
मैं ख़ुद को
तलाशता हूँ।
मेरी ख़ुशियों का अलाव बना
मैं ख़ुद को तलाशता हूँ।
मेरी उड़ानों के पर काट कर
मैं ख़ुद को तलाशता हूँ
मेरी आँखों को नम कर
मैं ख़ुद को तलाशता हूँ
क्यूँ तलाशता हूँ
नहीं ख़बर मुझे
पर मैं ख़ुद को तलाशता हूँ।

छोटी-सी बात

एक छोटी-सी बात है...
अनकही
कई रातों का असर रखती है
सीने में रखी कोई धड़कन-सी
अपने पड़ाव को ढूँढ़ती है
आँखों में रखी कुछ बूँदों-सी
अपना रास्ता खोजती है
चुपचाप-सी रहती है मेरे होंठों पे
मुस्कराहट-सी
लेकिन छलक जाने से हिचकती है
बड़ी गहरी बात है
जिसका एक सिरा थाम
मैं अक्सर चला जाता हूँ
एक सफ़र पे
जहाँ कोई नहीं होता
बस उस बात की ख़ामोशी असर रखती है।

www.ingramcontent.com/pod-product-compliance
Lightning Source LLC
LaVergne TN
LVHW041059150826
845673LV00007B/1835

* 9 7 8 9 3 8 8 2 4 1 6 2 5 *